英語教育
21
世紀叢書

英語テスト作成の達人マニュアル

静 哲人——著

大修館書店

まえがき

あらゆる分野におけるグローバリゼーションが急速に進行する中，わが国の英語学習者の能力伸長は国家的急務である。そしてそれを実現するための最も直接的かつ確実な方法の1つは，小テスト，定期テスト，そして入学試験の変革である。

本書は，日本という文脈の中で英語のテストを作成するすべての人々，特に，日々の授業の中で小テストを，学期の半ばに中間テストを，学期末には期末テストを作成する中学，高校，高専，そして大学の教師，地区や県単位で大規模に実施される実力テスト作成の任にあたる中学英語教育研究会や高校英語教育研究会のメンバー，各種到達度テストや模擬試験を作成する民間団体の担当者，そして高校，高専，短大，大学の入学試験の問題作成委員を対象に，望ましいテストのあり方を提案するものである。

望ましいテストとはまず何よりも，受験者がそのテストのための準備をすることが能力の伸長につながるような，学習者のためになるテストである。しかし残念ながら，わが国の英語教育界には長期的に見ると学習者の能力伸長に資さない——資するどころか害する——テストがまだまだ多い。

具体的には，今や時代錯誤と言ってよい二大巨悪はやはり英文和訳といわゆる「総合問題」である。この2つはほぼわが国特有の問題形式であるため，海外の言語テスト文献ではほとんど取り上げられることがない。しかしこの2つがわが国の英語教育のブレーキとなっていることは間違いない。わが国の英語テストを論ずる時には，この2つを中心に据えなければ机上の空論になる。

本書は，この２つの問題形式とその他のテストの欠点を徹底的に洗い出した上で，単なる批判にとどまらず，十分実行可能な代替案を提示することを目標とした。「マニュアル」の名の通り，本書の提示するガイドラインに従えば，かならず良いテスト問題を作成することができるものと信じている。

本書が目指していないもの

本書は…

- 海外の言語テスト理論の解説書ではなく，
- 第三者の主張を羅列的に紹介するものではなく，
- 論文を紹介する先行研究解説書ではなく，
- かといって，単なる断片的なテスト実践紹介書ではなく，
- 特定の問題固有の不備を指摘するものではなく，
- 従来のテスト形式の批判だけして終わるものではなく，
- 単に読者の知識を増やそうとするものではない。

本書が目指しているもの

本書は…

- 言語テストについて根源的な論考を加え，
- 日本の教育事情に即した英語テスト論を提示し，
- 学校内の定期テストなども重点的に扱い，
- 著者自らの考え，主張，提言を中心に記述し，
- 具体的な問題形式を提案することによって，
- 読者が作成するテストに変化を起こすことを目標とする。

本書によって読者のテスト哲学とその具現化であるテスト問題が変化し，その結果受験者たる生徒・学生たちの能力が伸長することを願ってやまない。

著者

『英語テスト作成の達人マニュアル』目次

第2章 学習者に資するための5つの提言 47

第3章 小テストの作成 140

第4章 定期テストの作成 180

英語テスト作成の達人マニュアル

1 英語テストを論ずるための基礎概念

本章では，テスト作成の実際を論ずる前に，英語テストというものについて知っておくべきこと，意識しておくべきこと，考えておくべきことを提示し，読者の問題意識を喚起する。

1 英語力とは何か

本書は「英語テスト」を論ずるものである。英語テストは「英語力」をテストするものである，という定義には万人に異論はあるまい。しかし，では「英語力」とは何であろうか，と問うたならばさまざまな答えが予想される。

「英語がどれだけできるか，ということ」
「英語が実際に使えるかどうか，ということ」
「英語をどれだけ知っているか，ということ」

もう少し分析的に述べよ，と求めれば例えば次のような回答があるだろうか。

「語彙を知っていて文法規則を身につけていること」

どうもあまり広がりがないようである。ならば質問を「どのような人は英語力があると言えるだろうか」に変えてみよう。

「英語のテストができる人」

こういった答えは生徒から聞かれることが多いと思われる。もちろん「英語のテストとは何か？」⇒「英語力をテストするものである」⇒「英語力とは何か？」⇒「英語のテストができることである」というのは典型的な循環論法であるが，英語力のイメージとして英語のテストでの高得点という教室内の事象がでてくるというのは，わが国がいわゆるEFL（＝English as a Foreign Language：外国語としての英語）の文脈におかれていることの直接の反映だと思われ興味深い。他に考えられる答えとしては，次のようなものだろうか。

「英語が自由に話せる人」
「英語の雑誌がすらすら読める人」
「英語のペーパーバックの小説を読んで楽しめる人」
「英語の映画を観て，字幕なしに理解できる人」

このような記述はいくらでも続けることができるが，ここで指摘したいポイントは，これらの記述の中には必ず「〜という行為をすることができる」という部分が現れているということである。つまり，「英語力」自体は目に見えないものであり，その存在は，なんらかの目に見える「行為」の背後に推定されるものだ，ということだ。

1-1 構成概念

ここで**構成概念**という用語を導入する。英語ではconstructと言う（というより，その英語を訳したものがこの日本語なのであろう)。「英語力」とか「計算力」とか「文法力」，「語彙力」，「発音の正確さ」等，直接観察はできないが理論上仮定できる人間の持つ特性と定義することができる。この定義には2つの重要なポイントがある。

まず，「直接観察できない」という点。英語力は直接観察できない。「足の速さ」という特性が，短距離走をしている陸上選手の脚の動きを直接目で見ることによって観察できるのとは異なる。観察できるのは，英語力があると起こりうる現象であって英語「力」自体ではない。先にいくつか挙げた「～することができる人」という記述はすべて英語力があると観察され得る「現象」である。構成概念は直接観察できないので，その構成概念に関わるような行為・現象を観察することにより，その裏にあるはずの構成概念の存在を「推定」せざるを得ない。

第2に，「理論上仮定できる」という点である。構成概念は物質が自然界に存在するのと同じような意味で存在するのではなく，我々が「頭の中で作り出す」（これが「構成」の意味）ものである。例えば酸素という物質は自然界に存在する。人間がその存在を発見する前から存在していたし，仮に今発見されていなくとも，それに関わらず地球上に存在している。ところが例えば「学力」という構成概念は，酸素と同じような意味で実在してはいない。酸素と同じ意味で存在しているのは，さまざまな物質によって有機的に構成されている「人間」という生物体の一部である「脳」という物体であって，「学力」ではない。しかし，「学力」という概念を仮定すると何かと都合が良い。「A君とB君は身体的能力では同じようなものだが，学力の面ではずいぶん差がある」などと言うことが可能になる。

このように，その存在を仮定することによっていろいろ便利なことが生まれる場合に，ある構成概念の存在を想定するのである。英語では名詞としてconstructということは前述したが，動詞でも construct として使う。つまり，そうすることが有用であるので人間によって作り出された特性（constructed trait）が構成概念（construct）なのである。

1-2　構成概念の段階的細分化

構成概念は，想定した結果が有用であるように想定するものである。逆に言えば，ある構成概念を仮定すると都合のよいことが生まれなければならない。これは，構成概念をどこまで細分化するべきか，という問題と関わる。具体的に述べるならば，英語教師として英語のテストを考える際に，その測定すべき対象としての構成概念をどこまで細分化すべきか，という問題である。ここでは英語のテストであるということをひとまず忘れ，一番上のレベルから出発してみる。

レベル 0　人間の能力を「人間力」と呼ぶ。

人間の能力の総体のみを構成概念としてとらえる立場である。このレベルで考えることはあまりない。つまり，「A君はB君より人間として上だね」などと言うことはそれほど多くはない。

レベル 1　「人間力」は肉体的な能力である「体力」とそれ以外の能力である「知力」から成り立っている。

日常生活では，このレベルで考えることがかなり多い。「あいつは身体は頑丈だが頭のほうはからっきしだね」のように。以後，体力系統の分類は省略する。

レベル 2　「知力」は「知恵」と「学力」から成り立っている。

日常，このレベルで考えていることもかなり多い。「あの人は学校の勉強はできるけれど頭が悪いね」等の statement はこのレベルでのものだ。以後，知恵系統の分類は省略する。

レベル 3　「学力」は「英語力」，「数学の力」，「理科の力」等から成り立っている。

このレベルの細分化までは一般に認められている。それが学校で「英語」，「数学」などという教科を設定している意味である。英語という教科は「英語の力」という構成概念に関わる教科であり，「数学」という教科は「数学の力」という構成概念に関わる教科である。そしてこの区分は「英語の力」と「数学の力」は別々のものだと仮定したほうが何かと便利である（我々にとって有用である）からなされているものである。

本書が関わるのは英語なので，他の教科については以後記述を省略する。

レベル 4　英語力は「英語を読む力」，「英語を書く力」，「英語を聞く力」，「英語を話す力」から成り立っている。

英語力をいわゆる 4 技能（four skills）に分ける立場である。この細分化は有用であろうか。確かに有用であろう。例えば「日本人は英語を読む力に比較して聞く力が弱い」とか，「A 君は帰国子女で，話すのを聞いているととても流暢だけれど，書かせてみるとかなり支離滅裂だ」などと論じることができる（これらの

表1　レベル5の想定　その1

	英語を読む力	英語を書く力	英語を聞く力	英語を話す力
語彙力	読む場合の語彙力	書く場合の語彙力	聞く場合の語彙力	話す場合の語彙力
文法力	読む場合の文法力	書く場合の文法力	聞く場合の文法力	話す場合の文法力
その他の力	読む場合のその他の力	書く場合のその他の力	聞く場合のその他の力	話す場合のその他の力

主張が的を射ているか，用いている用語がどれだけ厳密な意味付けがなされているか等の問題はここでは関係がない）。

レベル5　英語力は「英語を読む力」，「英語を書く力」，「英語を聞く力」，「英語を話す力」から成り，かつそれに加えて「語彙力」，「文法力」が存在する。

最初の4技能による分割が縦割カテゴリーだとすれば，「語彙」，「文法」のような分割はいわば横割カテゴリーであって，理屈の上では，「読む場合の語彙」，「書く場合の語彙」，「聞く場合の語彙」，「話す場合の語彙」などが想定できる。すなわち，表1のようになっているはずである。

「その他の力」というのは格好が悪いが，「語彙力」，「文法力」以外でそれぞれの技能に関わる能力，という意味で想定している（レベル6を参照のこと）。

1-3　構成概念としての語彙力

語彙力はいわゆる**受容語彙**（passive vocabulary）と**表出語彙**（active vocabulary）に分けて論じられることが多い。前者は読んだり聞いたりして遭遇したときに理解できる語彙，後者は書いたり話したりするときに使える語彙，という意味である。しかし読んで分かる語彙と聞いて分かる語彙にはかなり差がありそうであるし，またその場でつぎつぎに手持ちの語彙を検索して取り出して発音しなければならないスピーキングの場面と，同じ行為を時間をかけて行うことができるライティングの場面では，やはり使える語彙がかなり違うと思われる。また，各種の語彙テストを見る限り，その語を聞く・話すという場面は想定されていないようであるので，現在論じられている受容語彙，表出語彙は事実上それぞれ読んで分かる語彙，書くときに使用できる語彙，と同義だと考えて間違いはないであろう。

さてまず，「語彙力」という構成概念を想定するのは有用であろうか。有用であると思われる。1つには語彙の力が英語力全体の中でかなり重要な位置をしめていると思われるからである。2つめには語彙力をそれ以外の力と分けて論ずることが現実と対応していると思われるからである。つまり，「A君とB君の英語力の差は主に語彙力だ。その他はほとんど違わない。だからA君も意識的に語彙を増やせばB君に追いつくよ」のようなことが実際にあるからである。

では1歩進めて，「受容語彙力」,「表出語彙力」という構成概念を設定することは有用であろうか。受容語彙，表出語彙という構成概念自体は有用であろう。例えば，「～という語は，平均的日本人高校生は，受容語彙としては身についているが，表出語彙としてはほとんど身についていない」といった現象を論じる時役だつからである。

しかし測定の対象として「受容語彙力」,「表出語彙力」という構成概念が有用かどうかはまた別の問題である。これら2つを設定する価値があるのは，学習者によって受容語彙力と表出語彙力のバランスがかなりの程度異なり，またそれら２つを別々に教授したり学習・習得したりするのが可能な場合である。つまり，「Ａ君とＢ君は受容語彙力は同じようなものだが表出語彙力はＢ君のほうが一枚上だ。よって，Ｂ君はこれからは表出語彙力を鍛えたほうが良い」というようなことが，現実味を持って言える場合である。

そうではなく，誰でも受容語彙よりも表出語彙のサイズは小さく，その比率は（例えば）およそ５：１である，というように決まっていれば，受容語彙と表出語彙を別々に測定する必要はないわけである。Ａ君の受容語彙をはかってみたところおよそ5000語であれば，表出語彙はおよそ1000語であると分かるからである。逆にＢさんの表出語彙を測定してみたところおよそ700語であったなら，彼女の受容語彙はおよそ3500語であると推定できる。

本節の目的は，受容語彙と表出語彙の関係がこのどちらであるかをつきつめることではない。受容語彙力と表出語彙力という構成概念を設定することの意味があるかないかは，この関係で決まる，ということが言いたいのである。

さらに最近，受容語彙と表出語彙という２分法に加えて，**語彙の広さ**と**語彙の深さ**，という構成概念が話題になることがある。これも測定の対象として意味があるか否かは，学習者によって語彙の深さと広さの関係がかなりの程度異なっているのか否かによって決まることである。「Ａ君とＢ君は語彙の広さは互角だが，語彙の深さではかなり差がある」，というようなステートメントが現実的に意味がある場合にのみ，そのような構成概念を測定する意義が生ずる。逆に，ある個人の語彙の広さが分かればかなりの程度語彙の深さが予測できるのであれば，測定論上はその２つをあえて区別する必要はない。

さて，語彙力の話に深入りしてしまったが，４技能の力に加え

表2　レベル5の想定　その2

	英語を読む力	英語を書く力	英語を聞く力	英語を話す力
語彙力	語彙力			
文法力	文法力			
その他の力	読む場合のその他の力	書く場合のその他の力	聞く場合のその他の力	話す場合のその他の力

表3　レベル5の想定　その3

語彙力	文法力	読む力	書く力	聞く力	話す力

て語彙力，文法力を設定する件に戻る。表1では語彙力，文法力が横糸として4技能の縦糸にからむ表を提示した。しかし多くの場合，こうではなく，4技能とは別の力として語彙力，文法力を設定していると思われる。いわば表2のようである。あるいは，表3のようなイメージの記述も多い。

このようなモデルが理屈としておかしいのは明らかであろう。しかし次のような分類の英語問題集やテストは巷にあふれている。

「語彙問題」，「発音問題」，「イディオム問題」，「文法問題」，「読解問題」，「作文問題」，「会話問題」，「聴き取り問題」

レベルや次元の異なる概念が錯綜しているのが感じられる。

1-4　4技能の下位区分

レベル6　英語力は「英語を読む力」，「英語を書く力」，「英語を聞く力」，「英語を話す力」から成り，それぞれにはさらに下位区分があり，かつ語彙力，文法力が存在する。

例えば，「英語を読む力」を「細部を正確に読み取る力」，「全体の概要を読み取る力」，「必要な情報を読み取る力」，「書かれていることに基づき，書かれていないことについて推測する力」および，「英語を読む場合の語彙力」，「英語を読む場合の文法力」などに分ける。

「英語を書く力」を「細部を正確に書く力」，「全体の構成を整えて書く力」，「必要な情報を落とさずに書く力」，「意図を暗示的に書く力」および，「英語を書く場合の語彙力」，「英語を書く場合の文法力」などに分ける。

「英語を聞く力」を「細部を正確に聴き取る力」，「全体の概要を聴き取る力」，「必要な情報を聴き取る力」，「言われていることに基づき，言われていないことについて推測する力」および，「英語を聞く場合の語彙力」，「英語を聞く場合の文法力」などに分ける。

「英語を話す力」を，「細部を正確に話す力」，「全体の構成を整えて話す力」，「必要な情報を落とさず話す力」，「意図を暗示しながら話す力」および，「英語を話す場合の語彙力」，「英語を話す場合の文法力」などに分ける。

まとめると次頁の表 4 のようになる。

さていかがであろうか。このレベルになってくると筆者には首をかしげたくなる分類がかなり多くなってくる。例えば「読む力」を「細部を正確に読み取る力」と「構成を見抜き概要を読み取る力」という別々の構成概念に分けることは有用だろうか。この 2 つは独立して存在し，別々にトレーニングすること，別々に測定することが可能，または必要だろうか。この 2 つを別々に測定することを正当化するためには，「細部を正確に読み取る力」はかなりあるが「構成を見抜き概要を読み取る力」はあまりない学習者や，逆に「細部を正確に読み取る力」はあまりないが，

表4　レベル6の想定

	英語を読む力	英語を書く力	英語を聞く力	英語を話す力
語彙力	読む場合の語彙力	書く場合の語彙力	聞く場合の語彙力	話す場合の語彙力
文法力	読む場合の文法力	書く場合の文法力	聞く場合の文法力	話す場合の文法力
細部に関わる力	細部を正確に読み取る力	細部を正確に書く力	細部を正確に聴き取る力	細部を正確に話す力
概要・構成に関わる力	構成を見抜き概要を読みとる力	明確な構成で書く力	構成を見抜き概要を聴き取る力	明確な構成で話す力
特定の情報に関わる力	必要な情報に絞って読み取る力	必要な情報を落とさず書く力	必要な情報に絞って聴き取る力	必要な情報を落とさず話す力
言外の意味に関わる力	明示的に表現されていない情報を読み取る力	意図を暗示的に書いて表現する力	明示的に表現されていない情報を聴き取る力	意図を暗示しながら話す力

「構成を見抜き概要を読み取る力」はかなりある学習者，など，プロファイルの異なる学習者が存在している必要がある。

もしこの2つに**含意関係**があり，「細部を正確に読み取る力」があることが，「構成を見抜き概要を読み取る力」の前提条件であり，前者がある程度達成されれば後者も達成される，また前者が達成されないと後者は達成されない，また，後者が達成されているということは，ある程度前者も達成されていることを含意する，のであれば，別々の構成概念として設定するのは余分である。「読む力」の中の到達段階の差として扱うほうが現実的である。

我々の接する学習者は，このレベルまで構成概念を細分化しても得られることはあまりないと筆者は考えている。

レベル7　レベル6のすべての下位区分能力は，題材のジャンル別に存在する。

すなわち，論説文，物語文，描写文などのスタイルの異なる題材ごとに，レベル6のすべての能力を考える。例えば，「論説文の細部を正確に読み取る力」と「物語文の細部を正確に読み取る力」を区別し，「描写文において必要な情報に絞って聴き取る力」と「論説文において必要な情報に絞って聴き取る力」を，別々の構成概念として設定する。あまりにも煩雑なのですべてを列挙することはしない。

確かにジャンルが違えば，その細部の読み取りに要求される能力は微妙に異なるのは確かであろう。しかし問題は現実問題としてそれを別々の構成概念として設定して，その複雑さに見合うだけのメリットがあるか，ということである。別々に測定することが可能か，あるいは可能だとして，生徒別にこのレベルのプロファイルが明らかになれば，それに応じた指導が可能または必要であろうか。

1-5　まとめ

「英語力とは何か」という問いに答えるために，「英語力」という構成概念の段階的細分化を試みた。最初は明らかに有用と思われる分類で出発したが，細分化のレベルが進むにつれ，徐々に有用性に疑問符がつき始め，最後のレベル7に至っては煩雑さが現実的有用性を上回るという意味で明らかに現実的には無用なレベルになったと思われる。「文法力」とか「内容把握力」などの「分野」別に点数を出し，アドバイスを与えるフィードバックは模擬試験などに良く見られるが，そのような個別の構成概念が実体を伴っているかどうかはかなり疑わしい。ほとんどの測定状況の場合，上述のレベル 4，すなわち 4 技能を区別してプロファイルを出すレベルで現実的には必要十分であると筆者は考えている。つまり，リーディング力，ライティング力，リスニング力，スピーキング力それぞれが「**一次元的な**」構成概念（unidimensional construct）である，という立場である。

2 一次元性とは何か

2-1 測定とは

テストとは**測定**（measurement）のための道具立ての一種である。「測定」はつぎのように定義することが可能である。

measurement（測定） 対象の 1 つの特性（trait）の大小，強弱などを数値的に表現するための系統的な行為，またそのための方法のこと。

（靜，竹内，吉澤，2002，p.110）

ここでもっとも重要なのは，測定とは定義上，単一の特性すなわち構成概念に関わるものである，という点である。すなわち，測定は測定対象であるものの属性が，何らかの単一の直線（次元）上のどの位置に存在しているかを表現する行為である。これを言い換えれば，測定とは**一次元性**（unidimensionality）をもつ構成概念をその対象とした行為である，となる。そして一次元性とは次のように定義することが可能である。

unidimensionality（一次元性）　テスト得点のパタンが，当該テストを構成するすべての項目が単一の構成概念（construct）を測定していると見なせると示唆していること。たとえば，リーディングテストを構成するすべての項目が，「リーディング力」という単一の構成概念を測定していると見なせる場合に，そのテストは一次元的（unidimensional）であると言う。

（靜，竹内，吉澤，2002，p.184）

テストが一次元的であれば，そのテストを受験した受験者を，その構成概念（「リーディング力」）に関して単一の次元上に（「リーディング力」の高い者から，「リーディング力」の低い者まで）ランクづけすることができる。同時に，そのテストを構成する項目をも，その構成概念に関して，単一の次元上に（正答するのに高い「リーディング力」を要する項目から，低い「リーディング力」で正答できる項目まで）ランクづけすることができる。

2-2　一次元性と分解可能性

一次元性に関して誤解してはならないひとつの点は，「単一の構成概念を測定していると見なせる」ということは，その構成概念が下位の構成要素に分解できないということを意味しない，ということである。

しばしば，言語能力はさまざまな下位技能から成り立つ複雑な能力なので，一次元性の仮定になじまない，という言い方がなされるが，これは一次元性の定義の誤解からくるものである。テストが一次元的であるということは，テストの得点が総体としておよそ一次元性のパタンに合致していると「見なせる」ということであり，そのテスト得点を生み出した受験者の言語行為が単一の技能によった，ということを意味しない。例えば，複数の新聞記事を読み，比較して，その異同に関して自分の意見をまとめ，口頭で発表する，というような，明らかに複数の異なった技能を要する行為を要求するテストの得点が，一次元性のパタンを示すことは十分ありうる。

（靜，竹内，吉澤，2002，p.184）

Andrich（1999）によれば，「その構成概念は本当に一次元的なのか？」のような質問は，質問自体が “misleading” である。彼によれば，あるレベルの精度ではどんな構成概念も一次元的ではあり得ないし，またあるレベルの精度では，どんな構成概念でも一次元的である。彼は「学校の成績」という構成概念を例にとって次のように解説する。

例えば「学校の成績がよい，悪い」と言えば，その意味はあるレベルにおいて明らかである。英語や社会や理科などの科目において全体として優れているか，そうでないか，ということだ。しかし，もうすこし細かくみてみると，各教科満遍なく優れている生徒もいれば，科目ごとに成績が偏っている生徒もいるだろう。英語はダメだが理科は得意な生徒，あるいはその逆のパタンの生徒などさまざま存在する。さらに細かく理科をみてみよう。生徒によって，生物の成績と物理の成績が異なるかも知れない。さらに細かく見てみると，同じ生物あるいは物理でも，生徒によって理論面に強い生徒，実用面に強い生徒などの異なるパタンがあるだろう。こうしてみると，このような細分化はどこまでも続けることが可能で，そのようなレベルになると，最初の「学校の成績」という構成概念は一次元的ではない，と結論づけることになる。しかし，そのような構成概念でも，あるレベルでは一次元的である，ことは理解されねばならない，と Andrich は強調し，つぎのように，「測定の目的」を重視する立場をとる。

> Therefore, whether or not some construct is unidimensioal depends on the purpose to which you want to put the measurement.(Andrich, 1999, 57)

2-3 測定という行為の前提

英語のテストの話に戻ると，1つのテストを作成実施しその得点を数値化するという行為には本質的に，そのテストを構成するすべての項目は，何らかの単一の構成概念を測定している，という前提があるのである。要するに1つのテストの項目はすべて「同じもの」を測定するものでなければならない。この意味で，例えば「リーディングテスト」という1つのテストを作成，実施する限りは，その下位区分としてたとえ「概要の把握に関する問題」や「細部の読み取りに関する問題」，「語彙問題」を設定していたとしても，それらは「リーディング能力」という単一（と見なしても事実上さしつかえない）能力を，別々の方向から tap しているのであって，全く別々の能力を tap しているのではない，ということは意識しておかねばならない。もし，どうしても別の能力を tap していると思われたなら，1つのテストとして総点を算出することは理屈の上からはできなくなる。

同様に，リーディングテストとライティングテストの合計点を算出して意味があるのは，2つの合計が一次元性のある単一の構成概念（「読み書き能力」）を反映する，という前提にたつ時である。その前提にたたないのであれば，合計点を算出してはならない。

さらに同様に，英語，数学など，複数教科の点数を合計する行為は，それぞれの教科が別々の方向から「学力」という単一の構成概念を tap しているのだ，という前提にたっているといえる。

3 でテストの本質を考える際にも，「測定」のこのような本質を忘れてはならない。

3　テストとは何か

3-1　判断のために反応を引き出す

テストとは何かと問われれば，さまざまな定義が可能であろう。あるワークショップでこの質問を投げかけたところ，受講者から「生徒の学力を確かめるために行うもの」，「自分の教え方がどのくらいうまくいったかを確かめるもの」などの答えが出てきた。とくにこの 2 番目の答えには，教師として忘れてはならないことが含まれていると感じいったのを覚えている。本書では，もう少し一般的かつ抽象的に，次の定義から議論を始めてみたい。

> **本書でのテストの定義**　テストとは，受験者の持つ特定の構成概念に関して一定の判断を下すために，受験者から何らかの反応を引き出すための系統的なしかけ，である。

本書で扱うのは英語のテストであるから，受験者のもつ特定の構成概念とは，「英語力」のことである。英語力とは何か，それをどこまで細分化して考えることが可能か，あるいは現実的かという議論をこれまでしてきた。自分の作成するテストではこの「英語力」をどのレベルまで細分化しようとしているのか，あるいは統合的に捕らえようとしているのか，また，それぞれの問題項目はどのような能力を，どのような側面から tap しようとしているのか，などは作成者として意識的な決定が求められることがらである。

またどのレベルまで細分化した構成概念を想定するにせよ，それは目に見えないことは繰り返し強調したい。「英語力」自体は目には見えない。そこで，その能力の程度に関する判断を下すためには，目に見えるもの，すなわち「**反応**」を引き出す必要がある。

反応には実はそれほど種類はない。(1) 英語で何かを言ってもらう，(2) 日本語で何かを言ってもらう，(3) 英語で何かを書いてもらう，(4) 日本語で何かを書いてもらう，(5) 記号を書く，マークする，マウスをクリックする等の方法で選択してもらう，(6) 身体を動かす，絵を描く，グラフを完成する等，非言語的行為をしてもらう，等でほぼすべてであろう。

3-2 第1の間接性

しかしどのような反応を引き出したにせよ，それは，その時の**タスク**（項目）における受験者のパフォーマンスに関わるものであって，受験者のもっている能力一般，あるいはすべてのタスクに関わるものではありえない。例えば，1つの文章（仮に，遺伝子治療の功罪についてのエッセイ，とする）を材料にしたリーディングテストを実施したとする。その結果判明するのは，「こ

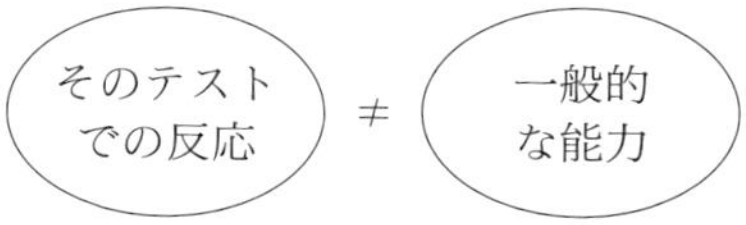

図1　テストにおける第1の間接性

の遺伝子治療のエッセイを，どの程度この受験者が読み取ることができたか」である。いわば reading comprehension の出来，不出来である。しかしテスターとしての我々は，実はこの受験者がこの特定のエッセイをどのくらい読めたかが最終的に知りたいのではない。その時用いたのと全く同一のエッセイをその受験者が再び読むことはないからである。そうではなく我々テスターは，その遺伝子治療についてのエッセイに代表されるような英文，さらには英語の文章一般を，その受験者がどの程度読めるであろうか，すなわちこの受験者の reading proficiency はどの程度であろうか，が知りたいのである。

ライティングやスピーキングのテストにおいても事情は同じである。「IT 技術が教育に及ぼす影響について，自分の考えを300語程度で書きなさい」というテストや，一定のテーマについての口頭インタビューテストでは，テスターはその特定のテーマについての受験者のパフォーマンス自体に興味があるのではない。その他いろいろなテーマに関しても一般的にどの程度のパフォーマンスが期待できるかが知りたいわけである。

統計学の用語を使うなら，言語テストにおいては，受験者のパフォーマンスは1つのサンプルにすぎない。しかしテスターが見極めるべきは，その受験者がテスト以外の場においてさまざまな言語使用の状況に置かれたとき，一般的にどの程度のパフォーマンスが期待できるか，なのである。よって図1の関係が成りたち，この関係が表現している特性を本書では「テストの持つ**第1の間**

接性」と呼ぶことにする。「特定パフォーマンス」と「一般的能力」の間には，いわば1つのクッションが存在しているということである。

3-3　第2の間接性

ところが，リーディングおよびリスニングという2つの受容的技能においては，さらにもう一段階クッションがあると考えねばならない。リーディング，リスニングという行為は全く目に見えないし，耳に聞こえない。刺激が文字であれ音声であれ，理解行為が行われている状況自体は受験者の脳内にあるためである。文字を目で追っている，音声に耳を傾けている様子は外から見えるが，どの程度理解がされているのかいないのかは，そのままでは顔色で憶測するくらいしかできない。

そこで，その脳内の理解度を判断するために，何らかの反応――脳内の理解度を反映する（と考えられる）反応――を求めることになる。例えば，「理解した内容を日本語で書いてもらう」，「理解した内容にもっとも近い内容を表している選択肢の記号を書いてもらう」，「理解した内容に最も近い状況を表している絵の記号を書いてもらう」などである。こうして初めて外から観察できる材料ができる。しかしこれらの反応は「理解度を反映しているはずの行動」であって，「理解度」そのものではない（図2）。よって，採点者は，これらの反応自体を採点するのではなく，これらの反応が反映していると考えられる脳内の理解度を採点しなければならない。この意味で，リーディングとリスニングの採点は本質的に間接的にならざるを得ない。この間接性を本書では「テストにおける**第2の間接性**」と呼ぶことにする。

これに対して，ライティングとスピーキングにおいては，表出

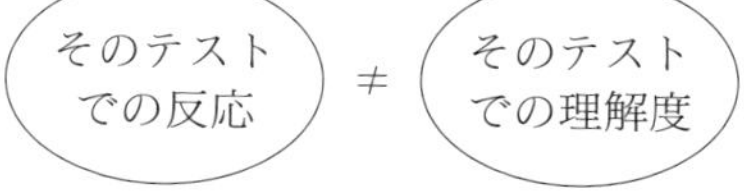

図2　テストにおける第2の間接性

行為自体（書いている現場，話している現場），あるいはそれを記録したもの（書かれた文字や録音テープ）を目で見たり，耳で聞いたりできる。そしてそれらは当然，英語の表出行為そのものであるので，採点者は，その表出された英語プロダクト自体を採点すればよい。

3-4　まとめ

テストにおける間接性に関して技能による違いをまとめると，次頁の図3のようになる。

リーディングとリスニングのテストにおける，図3に見られるような第1と第2の2つの間接性の存在を，本書では「**二重間接性**」と呼ぶことにする。これは第2章で英文和訳と和文英訳を論ずるときの鍵概念になるものだ。

4以降では，テストあるいはその得点のもつ基本的特性であるところの，(1)信頼性，(2)妥当性，(3)波及効果，(4)実用性，について簡単に論ずる。

4　信頼性とは何か

4-1　反応の揺れ

テスト得点の**信頼性**とは，3で提示したテストの定義のなかの，「反応」に関わる概念である。全く同じ刺激（項目）を同一条件

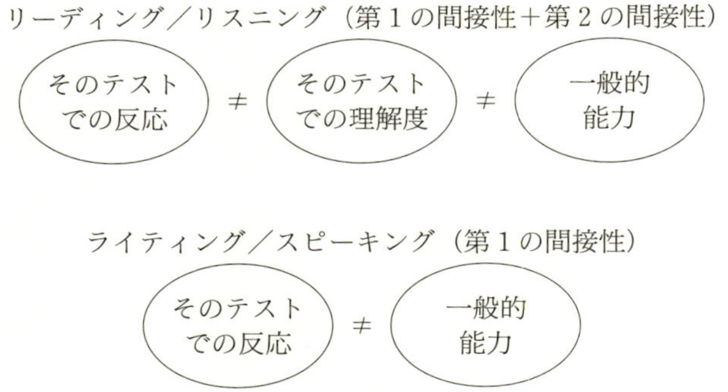

図３　テストにおける間接性の技能による違い

下で２度与えられても，人間は全く同一の反応をするとは限らない。同じリーディングテストを２度実施し，その得点を同一受験者ごとに比べてみたとする。２度の実施の間に受験者の「能力」は変化せず，２度目の時には１度目の記憶はないものとする。それでも同一受験者の得点がすべてぴったり一致することはまずありえない。なぜならば，人間の反応にはある一定の揺れがあるからである。

刺激の種類，すなわち項目の種類やテストのタイプによって，反応の揺れが比較的小さいものと大きいものがある。揺れが大きいということは，もう１度テストしてみると，かなり違った結果が得られるのであるから，１度だけの結果ではあまり信用できないわけである。

２度以上同一条件下で実施したと仮定したときに，受験者の反応のゆれが比較的小さく，同じような得点が得られそうであればあるほど，その得点パタンは信頼性が高く，逆に反応の揺れが大きく，同じような得点が得られない可能性が高ければ高いほど，その得点の信頼性は低い，という。

またライティングテストやスピーキングテストなどのいわゆる

「パフォーマンス・テスト」においては，そのパフォーマンスを採点者が主観によって採点しなければならない。そのような場合の得点には，受験者のパフォーマンス自体の変動に加えて，採点者の主観に起因する変動も加わり，話がさらに複雑になる。複数の採点者が同一受験者のパフォーマンスを採点した場合の一致度を**採点者間信頼性**（inter-rater reliability）と呼ぶ。また，同一の採点者が，同一受験者グループのパフォーマンスを時間をおいて複数回採点した場合の一致度を**採点者内信頼性**（intra-rater reliability）と呼ぶ。

4-2 信頼性の程度の数値化

●再テスト法

信頼性とは基本的に得点の**安定性，再現性**に関わる概念であるから，それを測定するもっともstraightforwardな方法は，実際に同じテストを2度実施してみてその結果を比べてみることである。これを**再テスト法**（test-retest method）という。比べるというのは**相関**を調べてみるという意味である。この相関が高いということは，1度目の実施で得点が高かった受験者は2度目の実施でも高く，1度目の実施で得点が低かった受験者は2度目もやはり低い傾向がかなり強い，という意味である。相関の度合いを計算してみたところ，例えば.86であったとすると，「このテストは，再テスト法による信頼性は.86であった」と表現する。

この相関の度合いが高ければ，どちらか1度のテストの得点を用いるとしてもかなり信頼がおける，つまり信頼性が高いといえる。

●折半法

しかしそもそも同じテストを２度同じ受験者に受けさせることなどできない場合がほとんどである。よって１度の実施で得られた得点だけをもとに，その得点の信頼性を計算する方法が必要となる。

50項目からなるテストを実施したとする。同じ50項目をもう１度実施することはできない。そこでそれに代わる方法として，今回50項目のテストを１つ実施したのではなく，25項目のテストを２つ実施したと考えることにする。そのために，50項目のテストを２つに折半し，25項目のテストそれぞれの結果を別々に計算する。２つに折半するやり方としては，機械的に前半と後半に分ける方法と，奇数番号項目だけからなるテストと偶数番号項目だけからなるテストに分ける，**奇数／偶数法**（odd-even method）がもっとも一般的である。どちらの方法で２分したにせよ，それぞれの半分の得点を計算し，それらの間の相関を求め，それをもとに信頼性を推定する。半分同士の間の相関が高ければテスト全体の信頼性が高いと考えるのである。

なぜこう考えるのであろうか。もし半分同士の相関が低ければ，それは，１つの半分で高得点である受験者が，別の半分では高得点でないというパタン，あるいはその逆のパタンが多い，という意味である。ということは，二分されたそれぞれはかなり異なった能力を tap しているか，または同じ能力を tap しているが反応に誤差が多いということである。どちらにしても，そのようなケースを，得点パタンに**内的一貫性**（internal consistency）がない，と表現する。逆に内的一貫性があるとは，得点が理にかなった首尾一貫した（consistent）パタンを示している，という意味で，例えば次のような特質を備えていることである。

- 全体に得点の高い受験者は，テストの前半だけとっても，あるいは後半だけとっても得点が高い。
- テストの半分で得点の高い受験者は，もう半分でも得点が高い。
- 得点の高い受験者は，特に易しい項目には正答が多い
- 得点の低い受験者は，特に難しい項目には誤答が多い
- 難しい項目は，特に得点の低い受験者にとって難しい
- 易しい項目は，特に得点の高い受験者にとって易しい

テスト全体の得点がこのような特性を備えていればいるほど，機械的に二分した半分の長さのテスト同士の相関は高くなるはずである。このような信頼性の推定を**折半法**（split-half method）と呼ぶ。

●クロンバックの α

本格的なテスト研究では，現在では折半法よりも，それを統計学的に高度化した**クロンバックの α**（Cronbach's α）と呼ばれる指数が使われることが多い。高度化というのは次のような意味である。折半法とはどのような方法で2等分しても良いので，その方法は50項目のテストともなると，ほとんど無数にある。困るのは，どのように2等分するかによって，2つの半分同士の相関係数が変動することである。前半後半で分ける場合と，奇数偶数で分ける場合でも全く同一の数値ということはまずない。どれを信じればよいかわからない。そこで，あらゆる等分の方法で折半法信頼性係数を求めてその平均を計算した場合に得られるであろう数値を統計的に推定したのがクロンバックの α である。

しかし，統計的に高度化している分，その意味するところを直観的に捉えるのが難しくなる。その意味で，信頼性の本質的な意

味を皮膚感覚で理解するのには折半法の方が適しているといえるだろう。

4-3 テスト得点の信頼性を高めるには

実際には，定期テストなどの得点の信頼性を計算することはめったにないかもしれない。しかし，信頼性を概念として理解しておくことと，信頼性を高めるにはどうすればよいかを心得ておくことは教師にも不可欠なことである。テスト得点の信頼性は，次のような方策によって高められることが知られている。

(1) 項目の数を増やす

他の条件が同一の場合，含まれる項目の数が多ければ多いほど，そのテストの得点の信頼性は向上する。これは直観的に理解できることで，例えばあるピッチャーの制球力を知りたい場合，10球投げさせるより30球投げさせるほうが，より正確なところがわかるのと同じである。これに関してはテストの項目数とテストの信頼性の間の関係を表す公式，**スピアマン・ブラウンの予測公式**（Spearman-Brown prophesy formula）がある。

「他の条件が同一の場合」と述べたが，実はここに難しい問題がある。現実には1つのテストに何時間もかけることは難しいし，また人間が一定時間内でこなせる項目数にはおのずと限界がある。あまり長時間のテストになると受験者が飽きや疲労から不安定な反応を示すようになる。また制限時間に対して法外なほどの数の項目を設けておくと，ほとんど受験者が最後の項目までまともに取り組むことができない。まともに取り組む時間がないと，やはり反応が不安定になり，結果的に得点の信頼性が落ちる。

結論的には，制限時間内でほとんどの受験者が無理なく取り組める範囲でできる限り項目数を増やすことがよい，となる。制限時間を一定にした上で項目数を増やすためには，ひとつひとつの項目を細かく設定することが必要である。例えば，1000語の文章を読んだ上で３つだけ「大きな」（解答にたどりつくのに時間がかかるような）設問を設けるより，同じ文章を読んで10のより「細かな」設問を設けたほうが，得点の信頼性は高くなる。

⑵　項目と項目が独立するよう気をつける

項目数を増やすといっても，そのことが得点信頼性の向上に最大限につながるためには，増やす項目は元から在る項目から「**独立している**」ことが必要である。問１と問２があり，問１に正答していないと問２には正答できないような設定になっているとき，この２つの項目は「**独立していない**」という。そのような設定では，問１に正答できなかった受験者には問２は存在しないことと事実上変わらないので，項目が増えたことにならない。

同じ意味で，リーディングテストにおいて長いパッセージを少ない数用いる場合にも注意が必要である。１つのパッセージは当然１つの分野の１つのトピックを扱うわけだが，受験者によって**背景知識**が異なるので，分野・トピックによる「当たりはずれ」があると考えられる。背景知識が読みを容易にするのはよく直観的に理解できるし，実証的な証拠も多い。また１つのパッセージに関わる複数の設問は，どうしても，上で言った意味で「独立していない」可能性が大きくなる。すると，最初の設問でつまずいた受験者は，その失敗が最後まで尾を引いてしまい，いわゆる「実力が出し切れない」結果に終わってしまうことがある。「実力が出し切れない」のは受験者本人の側から見た不幸だが，テスターの側から見ると「実力を測定しきれない」結果となり，テストの役割が果たせない。

このような事態をできる限り防ぐためには，長いパッセージを少数用いるのでなく，比較的短いパッセージを多数用いるほうがよい。まず，受験者間にある背景知識の相違を**中和**（ひとつひとつには有利不利はあるだろうが，全体として平均したときにまずまず公平になるという意味）することができるし，またパッセージが新しくなることで，項目間の独立性を確保することができる。受験者の立場からすると，たとえ１つのパッセージで何らかの理由（実力がない以外の「反応の揺れ」）で「失敗」しても，つぎのパッセージでまた新たなスタートラインに立てることになり，全体として「まぐれ当たり」や「まぐれはずれ」が少なくなる。

(3) 興味のある能力以外に関わる要素を排除する

測定したいのが英語力であるのに，英語力以外によって左右される可能性のある部分があれば得点の信頼性は落ちる。すべて列挙することはできないが，例えば，指示が曖昧である，あるいは複雑すぎる，レイアウトがみにくい（第２章２－１，２－２参照），多肢選択の錯乱肢（誤った選択肢）が限りなく正答に近い，等が代表的なものであろう。

注意深く読まないと勘違いしてしまうような指示を出しておきながら，「テストというのはそういうものだ」，「そのくらいの注意力は実力のうちだ」などと言う英語教師がいるが，全く誤った考えである。テストというある意味での非常時，緊張状況下でどのくらい冷静に複雑な指示を読み取れるか，という構成概念を測定したいならともかく，そんなものを本来の英語力とともに測定すれば結果が汚れ（contaminated），得点の信頼性が落ちるだけである。

またわが国の多くの大学入試問題のように，見にくいレイアウト，具体的には「長文」の該当個所と，その個所に関する選択肢が数ページ離れて印刷してあって，その間を何度も行き来しなければならないようなレイアウトは，得点の信頼性を落とすのに貢献している可能性が大きい。見やすいレイアウトであれば得点差がつかない受験生の間に見にくいレイアウトで得点差がつけば，それは英語力以外が混入した結果と見なければならない。

5 妥当性とは何か

5-1 判断の適性さ

4節で論じた信頼性とは，テストの定義の中の，「反応」に関わる概念であった。すなわちテスト結果の中で，「反応の揺れ」にあたる部分がいかに少ないか，つまり誤差がいかに少ないか，という度合いのことであった。

測定結果が有用であるためには，まず測定結果に信頼性がなければならない。測定のたびに数値が大きく変動したのでは，どれを信じてよいのかわからない。つまり信頼性はよい測定のための必要条件である。では変動の少ない反応を引き出すのに成功すればそれで十分であろうか。そうではない。次に問題となるのは，その反応が何を表していると解釈するか，そしてその解釈をどのように使うか，である。この解釈および使用法の適切性に関わる概念を「**妥当性**」と言う。すなわち，テストの妥当性とは，テストの定義の中の，「判断」に関わる概念である。

英語のテストの場合，「判断」とは例えば次のようなものであろう。

● この受験者は英語力に関して我々の教育機関で学ぶに必要な

水準に達している。(入学試験の場合)

- 受験者Aは受験者Bよりも英語のスピーキング能力に関して上の水準にある。よって本ポストは受験者Aに与えられるべきである。(2人のうち1人をスピーキング能力で採用する場合)

学校内の定期試験は例えば次のような判断だろうか。

- この受験者は，今学期カバーした文法項目が含まれる文章を十分な理解をもって読むことができる。
- この受験者は，今学期カバーした語彙項目が含まれる文章を聞いて，概要は十分理解することができる。

このようになんらかの判断を下すためにテストは行われる。しかし「判断」であるから理論的には正しい判断と正しくない判断がある。

例えば，悪名高い**紙と鉛筆による発音問題**を例にとる。「ア～エのなかで次の語と最も強く発音される部分の音が等しいものを選びなさい」というあれである。あの形式は「紙に書かれた語の指示された部分の発音が同じか異なっているかに関する知識」を tap していることは間違いない。よって，あの形式の項目の結果から，受験者の「紙に書かれた語の指示された部分の発音が同じか異なっているかに関する知識」を推定できるという判断は当たっているだろう。よってあの形式は「語の発音記号の知識のテスト」としては妥当なテストであると考えられる。

しかしあの項目に対する反応にもとづいて，その受験者がターゲット語彙の発音が実際にそのようにできるか否かを判断したとすれば，その判断は誤りである。よってあの形式は「語の発音能力のテスト」としてはほとんど妥当性がない。

もう１つ例をあげる。並べ替え問題といわれる項目形式がある。あの形式の項目は英語力のうちどのような部分を tap しているだろうか。「ばらばらになった部分を見て，全体を想起して正しく並べ替える能力」であることは間違いない。よってそのような能力を測定する項目としては妥当性が高い。しかし，並べ替え問題は，現実には「書く力」を tap する項目としてテストに含められている場合も多いらしい。すでに部品が与えられているものを並べ替えて英文にする行為と，意味から出発し，部品の想起からすべて自力で行ったうえで英文を作り出す行為との間にはかなり距離があると思わざるを得ない。よって，並べ替え問題の結果にもとづいてその受験者の「書く力」を判断しようとするのはかなり無理がある。すなわち，並べ替え形式は「書く力」のテストとしては妥当性が低いと考えられる。

このように妥当性とは，大きくいえばテスト結果の解釈の正当性のことであるが，伝統的にいくつかの切り口から論じられてきた。**内容的妥当性**（content validity），**基準関連妥当性**（criterion-related validity），そして**構成概念妥当性**（construct validity）である。また，これらの妥当性とやや性格の異なるものに，**社会影響的妥当性**（consequential validity）がある。

5-2 内容的妥当性

学校現場で実施する定期テストで最も大切なのは，**内容的妥当性**である。定期テストをはじめとする到達度テストは，それまでの授業でカバーされた内容に基づいて作成される。到達度テストの内容が授業の内容を忠実に反映しているとき，そのテストは内容的妥当性がある（または高い）と表現する。テスト問題が出題範囲から満遍なく出されていれば，そのテスト結果に基づいて，特定の受験者が授業の内容をどの程度習得したか，しなかったか，という判断を下すことが適切になる。ところが，授業で重点的に扱われた内容とテストの中身がずれていれば，そのテストの結果から生徒の学習成果を判断するのは不適当である。よって，そのようなテストは内容的妥当性が低いことになる。

内容的妥当性は，**サンプリング**の良し悪しによって決まる。授業でカバーした内容すべてをテストに出題することは不可能なので，多かれ少なかれそこに取捨選択が必要となる。その取捨選択（つまりサンプリング）の仕方が，教科書のすべての課からバランスよくなされているか偏っているか，あるいは，授業中に行った活動のバランスと対応しているか対応していないかによって，内容的妥当性は大きく変わる。

授業で扱った事項，活動（**ティーチング・ポイント**）と，テストで出題する事項，タスク（**テスティング・ポイント**）とは可能な限り一致していなければならない。音読を重点的に扱ったなら音読テストがなければならない。発音の練習にエネルギーを割いたなら，発音テストが実施されなければならない。授業中に fluency の向上を奨励したなら，テスト問題でも fluency を重視した項目を重点的に配さねばならない。自己表現を奨励したならテストでの自己表現問題がなければならない。授業で「コミュニケーション活動」を奨励していながらテストになったら英文和訳と文法問題のほうが多い，のでは内容的妥当性が低い。分かりやすい用語では「サギ的行為」と言う。

内容的妥当性を軽視し，ティーチング・ポイントとテスティング・ポイントを乖離させてしまうと，テスト結果の解釈に問題が出るだけでなく，授業運営上で，あとあと教師が払う代償は重い。「授業中に何を言っていてもテストは別だ」といったん生徒が思ってしまえば，授業中の教師のコーチングに生徒は耳を貸さなくなる。なぜならばサギ教師の言うことを信じても馬鹿を見るだけだからだ。また，中間テストで満遍なく出題すれば，期末テストの準備では満遍なく勉強しよう，という気になるが，偏って出題すれば，満遍なく勉強してもムダが大きいのだから，期末テストでは「ヤマをかけよう」という態度を誘発する。6節で論ずる「波及効果」も悪いのである。

5-3 基準関連妥当性と構成概念妥当性

基準関連妥当性と**構成概念妥当性**の2つはテスト理論の中では極めて重要な概念であるが，学校現場でテストを作成実施する教師にとっては実際にはあまり関連がない。

あるテストの基準関連妥当性とは，同一の受験者が，そのテストと，もう1つのより精密な結果を出すことがあらかじめ分かっているテスト（これを「基準テスト」と呼ぶ）の両方を受けたとき，そのテストでの得点と基準テストでの得点がどのくらい同じようであるか（相関関係が強いか），ということである。

ある基準テストは「リーディング能力」を精密に測定することが知られているとする。しかしそのテストは所要時間が長く値段も高いので，できればより手軽に実施できるテストでほぼ同じような結果がでるならば，そちらで済ませたい，というような状況の時に，この基準関連妥当性が問題になる。もう1つスピーキングテストの例をあげる。受験者の「スピーキング能力」が知りたい。訓練を受けた専門家が実施する面接テストは値段も高いし時間もかかる。そこでLLでテープから流れるキューにしたがっていっせいに録音するようなやや機械的なスピーキングテストで代替したい。しかしこのLLテストは本当にスピーキング能力を測っていると言えるのだろうか。そこで実際に受験者グループに両方のテストを受けてもらい，その得点の関連を見る。簡易テストでも大掛かりな面接テストの結果にかなりの程度近い結果が出ることがわかれば，簡易テストを用いる根拠になるだろう。

このどちらの例でも，新テストが基準テストに近い結果を出すことが確認できれば，新テストの結果に基づいて受験者のリーディング能力あるいはスピーキング能力に関する判断を下すことが妥当になる。よって，このような基準との関連が「妥当性」の名で呼ばれるわけである。

そしてテストの構成概念妥当性とは，測定しようとしているもの（「構成概念」）をテストが実際に測定しているか，測定しているのならどの程度正確に測定しているか，に関わる概念である。構成概念とは先に述べたように，「英語力」，「リスニング能力」，「リーディング能力」，「文法規則熟達度」等の，理論上その存在が仮定される「特性」であった。そこで，例えば自作の「リスニングテスト」が，本当にそのねらいである「リスニング能力」という構成概念を tap しているならば，そのテストは構成概念妥当性がある，と言えるのである。

あるテストに構成概念妥当性があるのかどうかを確かめようとする作業を，**構成概念妥当性検証**（construct validation）と呼ぶ。その具体的な手法を詳しく述べることは本書の目的からはずれる。しかし1つだけ言えることは，妥当性の検証は，信頼性の推定ほど単純な話（straightforward matter）ではない，ということである。信頼性の場合のように，この公式を当てはめれば数値が出る，といったルーティーン的な方法は存在していない。

リスニングテストを自作して，それが本当に「リスニング能力」を tap しているかは，例えば次のような方法で検証することができる。同じ受験者グループに自作したリスニングテストと，別の「有名」テスト（例えば TOEFL）のリーディングセクションとリスニングセクションを同時に（あるいはあまり時期をおかずに）受けてもらう。もし本当にその自作テストが「リスニング能力」を tap しているなら，その自作テストの得点は，「有名」テストのリーディング得点よりもリスニング得点と強い相関を示すはずである。実際にそのような結果が出れば，その自作テストは確かにリーディング力ではなくリスニング力を tap していることを示唆する１つの証拠となる。

このように基準テストとの得点の相関状況を調べたり，受験者に直接インタビューして問題を解いた時の心の動きを再現してもらったり，といった断片的な証拠を拾い集め，別々の角度からの証拠が同じ結論を指した時，初めてこのテストの構成概念妥当性にかなりの確信が持てるようになるのだ。

5-4　社会影響的妥当性

これまで論じた妥当性は，実はすべて psychometrics の枠組みの中での妥当性である。psychometrics とは，psycho-（心理の）と metrics（測量，測定）が組み合わさった語で，定訳は「計量心理学」または「心理測定学」であるが，要するに「目に見えない心理学的構成概念をいかに正確に精密に測定するか」に関わる学問である。

しかし近年より広い意味で妥当性をとらえようという動きが活発になってきた。psychometrics の枠を越え，「たとえ測りたいものを正確に測れていたとしても，そのようなテストを実施し，結果を利用することで，社会に良い影響を与えるテストでなければ妥当なテストではない」という考えである。日常語としての「妥当な」（valid）という語のもつ意味により近い妥当性であると言えるだろう。

そのテストがどのような影響を及ぼすか，ということに着目する概念で，6節で論ずる波及効果に近いものがあるが，学習に対する影響を意味する波及効果を含んだ，より包括的な概念と言えよう。その意味で，本書ではこの意味での妥当性を，構成概念妥当性と対比して，**「社会影響的妥当性」**と呼ぶことにする。

5-5 テストの妥当性を高めるには

テストの妥当性を高めるためには，信頼性のところで述べたような，(項目数を増やす，というような)「これをすれば必ず伸びる」という公式的な手法は存在しない。また，1回使ったテストを改良してまた使うということが不可能なシステムになっているわが国のテスト風土が，妥当性検証を難しい作業にしている面もある。つまり，テストを1回実施し，その結果を何らかの手法で妥当性検証にかけ，そこから得られた示唆をもとに修正を加え，より妥当性の高まったはずのテストをまた別の集団に実施する，というサイクルがほとんどあり得ない仕組みになっているということである。

よって，妥当性検証を繰り返して試行錯誤しながら徐々に妥当性を高めるというアプローチは事実上意味がない。ほとんどのテストが一発勝負の使い捨てだからである。このような状況下では，「実施の前にテスターが英知を結集し，よくよく考える」ということだけが，妥当性の向上につながり得る唯一の方法である。では具体的にどのようなことを「よくよく」考えればよいのか。

(1) この項目に正解するにはどのような能力が必要であろうか？

そのままであるが，1回勝負のテストで構成概念妥当性を高めようとすれば，やはりこれしかない。どのような能力が必要か，ということがすなわち，その項目に対する反応はどのような能力の反映であるか（その能力があれば正答でき，なければ正答できない，という意味において）ということにつながる。

下線部和訳の問題であれば，「英文の意味を理解する能力」＋「その意味をうまく日本語で表現する能力」が必要であろう。よってその解答は，この2つの能力を反映することになる。

いわゆる長文の内容に関する多肢選択問題であれば，「項目のリード部分で問われていることに対応する部分を本文中に見つける能力」＋「その本文該当個所を理解する能力」＋「選択肢の内容を理解する能力」＋「本文該当個所と一致する選択肢を同定する能力」が必要であろう。長文に関する多肢選択問題は，「本文を読んで理解できるかどうか」をtapするために作られているのが通常である。つまり，本文が理解できれば正解し，本文が理解できなければ誤答する，のが理想である。(1)本文が理解できないのに正解できる，あるいは(2)本文が理解できても誤答する，ことがあってはならない。(1)のケースは，選択肢自体に，その正誤に関する情報があると起こる。とくに説明文などの場合に，ある程度常識で判断できることが多い。よって，「選択肢のみを見てある程度正答，誤答が見抜けることはないだろうか？」はつねにチェックする必要がある。とくに入学試験などのhigh-stakes test（重要なテスト）では，第三者に選択肢のみを見せて正解と思うものを無理やり選んでもらう，「**選択肢のみ試行**」をするとよい。4肢選択であれば，選択肢のみを見て正解が選ばれる確率は.25程度であるのが理想である。また他の誤り選択肢（**錯乱肢**）のそれぞれも同じ程度の確率で選ばれるのが望ましい。この確率を大きく上回って正解が選ばれ，また特定の錯乱肢が選ばれる確率が非常に低い場合には，選択肢を修正し，また別の人に試行してもらうなどの手続きが必要である。

発音問題であれば，「下線部の発音ができる能力」あるいは「下線部の発音を表す発音記号の知識」のどちらかが必要であろう。言い換えればどちらを持っていても正答は可能である。

このように，まずその項目に正答できるための能力を考えてみる。もちろんテスターがその項目で要求されると考える能力と，実際に個々の受験者が用いる能力は往々にして一致しないという報告もある。しかしそれでも，持てる限りの洞察力を発揮して，よく考えてみることが必要である。その結果，その項目で正解を得るのに必要と思われる能力と，自分がその項目で問いたいと思っている能力が一致すればよい。もし一致しなかったら，一致すると思われるまで修正を加える。一致したら，次の段階に進む。

⑵ その能力はこのテストで問われるべき能力だろうか？

これは，社会影響妥当性に関する問いである。英文和訳問題は，「英文をうまい日本語に移し変える能力」を tap していることはほぼ間違いない。その意味で，英文和訳問題は，「英語を日本語に訳す能力」のテストとして妥当である。つまり，その問題に対する応答（解答）から，「英語を日本語に訳す能力」に関する判断を下すことは，ある程度妥当である。しかし問題は，そのような判断を可能にする設問を英語のテストに含めること自体の，学習者にさらには社会に与える影響である。詳しくは第 2 章の提言 2 で論ずるのでここではこれ以上深入りしない。

ひとつひとつの項目が，測定するべき能力を狙いどおりに tap し，かつその能力を測定することが社会的にプラスの影響を持つならば，そのテストは構成概念的にも社会影響的にも妥当なテストである可能性が高いといえよう。

6　波及効果とは何か

6-1　学習に及ぼす影響

テスト論における**波及効果**（backwash）とは，テストが学習に及ぼす影響のことを言う。英語テストにおいては，受験者はそのまま学習者でもあるわけで，そのテストの結果の影響が重大であればあるほど，また身近であればあるほど，そのテストにできる限り応じられる形で学習をすすめることになる。俗に「受験対策」，「試験勉強」，「受験英語の勉強」というと，「現実問題としてやらざるを得ない実利的な作業であり，真の学習とはやや異なる，ある意味ではやや後ろ暗い行為」といったニュアンスが感じられよう。

しかし，テストのために学習することは決して悪いことではないし，学習者が責められることでもない。「テストに出ないことは勉強しない」生徒には何の非もない。忙しい生活のなかで特定教科科目の学習に割ける時間は限られているのだから，テストに出ない，すなわち成績に関係のない事項をある程度無視するのは生徒/学生の立場からすれば極めて正しい方略である。

逆に，教師，テスターの側から言うならば，学習者に注意を払って欲しい事柄があるならば，必ずテストに出すべきである。また，単に出題するだけでなく，その問題形式の受験対策として最も効果的な準備が，すなわち英語習得のために望ましい学習でもあるような問題形式で出題する必要がある。

6-2　望ましい波及効果

望ましい波及効果を得る手段は理屈の上では単純明快である。

学習者の当該能力の中で促進してやりたい側面を，促進してやりたい方法でテストに出せばよいのである。例えば次のような気持ちがあるのなら，それぞれ矢印で示したような方法をとればよい：

- 話す力を伸ばしてやりたい
  ⇒ 話すテストを実施する
- 英語で書いて表現する力を伸ばしてやりたい
  ⇒ 書いて表現する力を測定する項目を出題する
- 発音する技能を伸ばしてやりたい
  ⇒ 発音する技能が必要なテストを行う
- すばやく多くの英文の概要を把握する力を伸ばしてやりたい
  ⇒ すばやく読み取らないと読み終わらないほどの英文をテストに出題する
- 細部だけでなく，大きな文脈にも注意を払う習慣をつけてやりたい
  ⇒ 大きな文脈に注意して初めて正答できる項目を出題する
- 英語を読めば英語のまま理解できる能力を伸ばしてやりたい
  ⇒ 英語を英語で理解すれば正答できる項目を出題する

以上は筆者の立場から見て望ましい能力と，その能力の育成を促進するための問題内容，形式の例である。このようなテストであればプラスの波及効果があると期待される。

6-3 望ましくない波及効果

一方，波及効果がマイナスのこともある。次のような問題形式は，それぞれ矢印で示したような能力／態度を encourage しているはずだ。しかしこれらは果たして望ましい方向であろうか。

本書ではそうは考えない。

- 英文和訳を出題する
  ⇒ 英語は必ず日本語に直しながら読む，という態度を育成したいのであろうか？
- 書かせる問題として和文英訳を出題する
  ⇒ 他人の書いた日本文を英語に「直す」という練習を奨励したいのであろうか？
- 1つの長文の中で，内容的な要点には関係ないが，構文的に複雑な部分を問題にする
  ⇒ 長文は要点よりも，構文に注意して読むという態度を育てたいのであろうか？
- ごく少量の英文のみを出題し，内容の流れとは直接関係ない問題（派生語を書かせる，発音を問う，語の文法的用法を問う）を多数設定する
  ⇒ 学習活動においても，ごく短い英文を，内容に関係なく「解剖」しつくしながら読む，という読み方を奨励したいのであろうか？

以上は，出題される形式のもつ波及効果であるが，特定の形式が出題<u>されない</u>ことの波及効果も大きい。

- リスニング問題を出題しないか，しても項目数が少ない
  ⇒ リスニング能力を軽視させたいのであろうか？
- スピーキングの試験を実施しない
  ⇒ スピーキング能力は無視させたいのであろうか？
- 自らの考えを英語で表現するライティング問題を出題しない
  ⇒ 自己表現のためのライティングという姿勢を無視させたいのであろうか？

● 発音実技試験を実施しない
⇒ 発音の技能は無視させたいのであろうか？

自らが作成するテストの波及効果は，テストが頻繁であるほど，学習者にとって身近であるほど，また重大であるほど，細心の注意を払わねばならない特性である。

6-4　波及効果のチェック

自らが作成したテストの波及効果のチェックとしては，仮にそのテスト問題が事前に公開され，それを用いて学習者が問題練習を行ったらどうなるか，を想定するとよい。その問題練習がそのまま望ましい学習になっているか，さらにその形式の問題練習を１年，３年，５年，10年と積み重ねたとして，長期的に学習者の能力が望ましい方向に伸長するかどうかを自問してみるのだ。もし，学習者が普段の学習活動をその問題形式で５年間行えば，きっと英語力が伸長するに違いないと思えれば，そのテストの波及効果に関してはおそらく安心してよい。そうでないとすれば，もう１度テスト問題のテスティングポイントおよびテスト形式に対して検討が必要である。

7　実用性について

テストの**実用性**とは，そのテストの作成，実施，あるいは採点処理に必要な物理的設備，人的労力，時間等が，現実的に可能なレベルにあるか否か，という概念である。「いくらスピーキングテストとして波及効果がよく妥当性が高いと分かっていても，5000人の受験者を１日で選別しなければならない状況で，面接テストは実施不可能である。面接スピーキングテストには実用性がない」,「自由英作文をやりたいのはやまやまだが，自由英作文を書かせてそれを高い信頼性で採点するには大変な労力と時間がかかる。実用性に問題がある」というように，もっぱらいわば「言い訳」のために使われる用語である。いくらでも言い訳はできる。

しかし，学習者に資することが分かっているテストを実用性を理由に回避することは可能な限り避けようではないか。入学試験のような状況で面接試験を全受験者に対して実施することは，現状の体制では確かに物理的に不可能である。しかし学校内の定期試験として実施するのは決して不可能ではない。

「実用性がない」とはすなわち実施のための人的，時間的「コスト」が高くつきすぎる，という意味である。しかし「コスト」には「代償」という訳語もある。この意味でコストという単語を用いて警鐘をならす，筆者の恩師 Arthur Hughes の言葉を紹介して，この節の結びとしたい。

> Before we decide that we cannot afford to test in a way that will promote beneficial backwash, we have to ask ourselves a question: what will be the cost of not achieving beneficial backwash? When we compare the cost of the test with the waste of effort and time on the part of teachers and students in activities quite inappropriate to their true learning goals (and in some circumstances, with the potential loss to the national economy of not having more people competent in foreign languages), we are likely to decide that we cannot afford not to introduce a test with a powerful beneficial backwash effect.
>
> (Hughes, 1989, p. 47，下線は筆者)

8 トレードオフについて

これまで信頼性，妥当性，波及効果，実用性を別々に論じてきた。しかし実はこの4つは互いに複雑に影響し合うものである。主に問題となるのはライティングテスト，スピーキングテストなどのパフォーマンステストの場合である。

妥当性を高めるには，興味のある能力とテストでのパフォーマンスの関係をできるかぎり直接的にすればよい。どのくらい話すことができるかを知りたければ話させてみればよい。30分でどの程度のエッセイを書けるか知りたければ，実際に書かせてみればよい。そのようなパフォーマンステストを予測する学習者は，そのように実際に書いたり，話したりする能力の伸長を目指してトレーニングすることになり，波及効果は非常によいだろう。しかし，そのような自由な表出を許すテストは，当然採点者が主観によって得点を決める必要があり，信頼性の確保にエネルギーが必要になってくる。

採点者の主観の変動からくる誤差をゼロにして信頼性を向上させるためには，すべてを選択式項目にすればよい。そうすれば実際に英語を書いたり，話したりして表出することは要求されないと知り，学習者はそのようなトレーニングをしなくなる。結果的に表出能力に劣る受験者を作り出すことになり，波及効果は非常によろしくない。

このように，信頼性，妥当性，波及効果，実用性の間には1つが良くなると別のほうが良くなくなる，といった**トレードオフ**(trade-off) の関係が存在する場合があることは常に意識しておく必要がある。

2 学習者に資するための5つの提言

本章では，わが国で作成実施される英語のテスト（中学，高校，大学での小テスト，定期テスト，各種実力テスト，入学試験のすべてを含む）に関して，以下の5つの指針を提案する。

提言1　応答として受験者が日本語を生成することを求める問題はやめ，英語を生成することで応答する問題のみ，あるいはそれに加えて記号による応答を求める問題のみにせよ。

提言2　いわゆる総合問題はやめ，1つの英文素材に対して施す「変形」は多くとも1種類にせよ。

提言3　それに従うことが受験者にとって最も効率的で有利であるような指示にせよ。

提言4　「〜点満点のテスト」を作成するという発想を捨て，「〜項目からなるテスト」を作成する，という発想をせよ。

提言5　授業内容に基づく定期テスト等の achievement test と，実力テストもしくは入学試験等の proficiency test は全く別のものであることを認識し，それぞれに応じた問題形式にせよ。

以上の提言は主に次の２つの理念に基づいている。

(1) テストは学習の方向を左右する最も強力な要因である。すなわち，テストは長期的な視野から見て望ましいと思われる学習活動を誘発するための最も効率的なインセンティブとして使われねばならない。

(2) 受験者はある意味において弱者である。テストというまな板の上に載せられ，観察されたくはないかもしれない英語力を観察される。結果によっては自分にとって愉快でない事態につながることもある。自尊心が傷つけられるかもしれない。そのような状態に置かれる受験者に対して，強者であるテスターが必ずすべきことの１つは，「この受験者は英語による message の授受がどの程度よくできるか？」という点，ただその一点を知るため以外の部分はすべて削り落とし，取り組みやすい，見た目にもすっきりしたテストを作ってあげることである。

以下，１つずつ詳細に論ずる。

1 提言1

応答として受験者が日本語を生成することを求める問題はやめ，英語を生成することで応答する問題のみ，あるいはそれに加えて記号による応答を求める問題のみにせよ。

1-1 なくならない英文和訳

今筆者の目の前に，知人を通じて入手した，ある大学で実施された１つの定期テスト問題がある。次のようなものである。

次の英文を日本語に訳しなさい。（5問中，3問を選択して日本語に訳しなさい）

（以下，約300語程度の英文パッセージが5つ）

これで問題のすべてである。問題のすべてである，とわざわざ断ったのは，問題量（作業量）が少なすぎると言いたいからでは，もちろん，ない。およそ計900語の英文を全訳するにはかなりの時間がかかる。そうではなく，この英語のテストで求められている「応答」が，日本語訳を書くことだけである，と指摘したかったのである。

この試験問題は一種異様な光景を生み出したと思われる。これはまぎれもなく「英語」の試験のはずである。ところがその試験時間の60分の間じゅう，学生たちが取り組んでいるのは，答案用紙に「日本語」を書きつける作業なのだ。英文和訳はなにも珍しい問題ではない。しかし英語の試験の名のもとに求められる作業が，手がだるくなるほどたくさんの日本語を書くことで答案用紙を埋めてゆくことだけ，というのはどう考えても異様である。

テスト問題形式としての英文和訳は過去数十年にわたり一部から強く批判されている。若林・根岸（1993）は「『英文和訳』という形式のテストが，英語に関するどういう能力をテストしようとしているのかがわからない」とし，だから「『英文和訳』は英語テストから排除したほうがいい」と薦めている。事実，彼らの勤務校である東京外国語大学の英語入学試験からは1992年以来，英文和訳が姿を消している。しかし彼らの主張が他大学の入試作成委員や中学，高校の英語担当教師，つまり定期試験作成者に十分理解されたかといえば，残念ながら答えは“No”であろう。

国公立大学の2001年度入試問題を概観してみても，高校の定期試験を調べてみても英文和訳が減った様子は感じられない。いまだに大多数の英語教師はこの形式のテストの正当性を信じているとみて間違いないだろう。そこで，本書で筆者は若林・根岸(1993) の後をうけて，英文和訳のさらなる問題点を指摘し，読者の中でひとりでもふたりでも自分で作るテストからこの形式をなくしてもらえるよう努力してみたいと思う。

先に挙げた若林・根岸の，「英文和訳は英語に関するどのような能力をテストしようとしているかわからない」という主張には，実は筆者は必ずしも同意するわけではない。筆者にはわかる気がするからである。それは「問題となっている英文の意味がどの程度把握できるか」を測定しようとしているのだ，と思う。そして英文和訳を出題しつづけている世の英語教師のほとんどもこれには同意してくれると思われる。しかし，その根本を認めた上で，やはり英文和訳はやめるべきである。以下に理由を述べる。

1-2 英文和訳の問題点その1：時間の浪費

英文を読んで理解するという行為に比べ，その理解した結果を日本語で書き表すという行為は数倍以上の時間がかかる行為である。筆者は英文和訳をしてそれを書くことは日常生活ではめったにないが，ごくまれに翻訳作業をしてみると，この行為がいかに時間がかかるものであるかということを改めて痛感する。この「時間がかかる」内容を分析してみると次のようになる。英文を読みその日本語訳を書く，という作業には大きく分けてつぎの3つのステップが，センテンスごとに必要である。

ステップ1　眼球を文頭から文末まで動かす。この時同時に意味理解を行う。

↓

ステップ2　もう一度全体を読み直し，日本語に直すためにはどの部分を先に，どの部分を次に訳すべきか等を決める。

↓

ステップ3　実際に訳を紙に書く，またはキーボードでタイプする。

実際にはこの３つのステップは必ずしもリニアに，つまりステップ１が完全に終わってからステップ２に，ステップ２が済んでからステップ３に進む，という方式で進行するとは限らない。同時通訳者のように頭から，つまり英文構造になるべくそった形で訳出してゆくという作業に熟達している者の場合，あるいは訳すべきセンテンスが比較的短い場合はステップ１とステップ２は事実上ほぼ同時進行的に行うことも不可能ではない。また１つのセンテンスを訳すなかで何度もステップ２とステップ３を行き来することもあるだろう。

しかし大学入試に英文和訳として出題されるような英文（センテンス）の場合，１つのセンテンスが長く，統語構造が複雑であったり，中に挿入部分があったりすることが多い。そのような英文を，語順規則がまったく異なる日本語に移し変えようとする時にはステップ２にかなりの時間がかかることになる。

そんなことはわかっている，と思われるかもしれない。しかし案外わかっていないのではないか。実際，その時間がかかる程度を実測してみて筆者は驚いた。論より証拠，以下に実例を示す。例えばある国立大学の英文和訳問題の最初のセンテンスは次の通りである。

A recently published book by an eminent sociologist describes a number of studies which have indeed shown that once a person's income is above the poverty level, an increasingly larger one contributes next to nothing to happiness.

この37語よりなるセンテンスを腕時計で時間を測りながら黙読してみたところ，７秒かかった。この７秒で筆者はこのセンテンスの（明示的意味は）完璧に理解した。

ステップ１　所要時間：７秒

続けてこのセンテンスを筆者が実際に紙に鉛筆で訳して書き付けてみたところ，３分10秒つまり190秒かかった。

ステップ２＆３　所要時間：190秒

つまり，ステップ２と３を合わせてステップ１の27.1倍の時間がかかったことになる。別の表現をすると，この英文を読んで訳文を書くという行為全体にかかった時間を100とすると，実際に英文を読んで理解するのにかかったのはわずか3.6で，残りの96.4は，その理解した結果をいかに日本語で書き表すか，という作業に従事していたことになる。先に，「英文を読んで理解するという行為に比べ，その理解した結果を日本語で書き表すという行為は数倍以上の時間がかかる」と書いたが，これは「数十倍の」と訂正しなければならない。しかも，これは完全に日本語本来の語順にするのをあきらめ，次のように which 以下を「訳し下す」手法をとっての話である。

著名な社会学者によって最近出版された本は，数多くの研究を記述しているが，それらは実際，ひとの収入がいったん貧困レベルを超えると，それ以上収入が増えても，幸せな感じはほとんど変わらない。

この訳文は筆者が受験生のつもりになって，ある程度時間を意識しながらとにかく紙に書き付けてみた訳文そのままである。稚拙な訳語もあるかもしれないが，それはそういう理由である。訳語でいくつかの個所で悩んだ。

まず describe。英語の describe の意味は完全に把握しているつもりだし，実際に類似の文脈で使用されているケースにも今まで無数の回数遭遇しているので，英文の「意味」は完全に理解していたと思う。しかし，それを「本が describe する」という場合，日本語では何と表現するのがベストなのか，悩んだ。一瞬でも脳裏をかすめた候補を列挙すると「示す」，「書いてある」，「述べる」，「説明する」等だ。時間が気になっていたこともあり，最終的には上に示したような「本は . . . 記述している」というやや妙な訳文になった。実際の入試でこの問題の採点に当たった人が，この訳語で減点したかしないか興味のあるところである。

次に happiness。「幸福」，「幸せ」という日本語だとなにやら客観的な響きが筆者には感じられる。そこで脳裏には「幸せ感」という語も浮かんだが，ほとんど認知されていない口語だと思い返し，「幸せな感じ」に落ち着いてしまった。書きながら今思えば「幸福感」でも良かったであろうか。

そして contributes を「貢献する」にして，contributes next to nothing to happiness を，「幸福（あるいは幸せな感じ）にはほとんど貢献しない」にしてしまうと，その人がほとんど幸せではない，と言っているように聞こえてしまうように思った。そこで「貧困レベルを超えた段階で，それぞれの状況に応じてある程度主観的な幸福感はあり，そのそれぞれの度合いは，それ以上収入が増えても，それによって増えることはない」という意味をこめて「変わらない」という日本語を使うことにした。

以上，3つの個所で悩んだことを敢えて告白しているのは，翻訳という作業にはいろいろな配慮が必要だと言いたいのでも，筆者は訳が下手だと言いたいのでもない。もとの英文を完全に（と言っていいレベルまで）理解している人間でも，これだけの悩みをかかえるということである。この悩みは筆者が英語を理解したかしないかとは無関係の悩みではないのか？

さらにもう1つオチがある。上の拙訳を注意深く読まれた読者はすでに気づいていると思うが，英文の have shown に当たる部分を訳し忘れている。つまり，次の下線部が足らない。

> 著名な社会学者によって最近出版された本は，数多くの研究を記述しているが，それらは実際，ひとの収入がいったん貧困レベルを超えると，それ以上収入が増えても，幸せな感じはほとんど変わらない<u>ことを示している</u>。

この訳出ミスの原因は筆者の不注意にあることは間違いない。しかし一歩進めて，なぜ不注意だとこのようなミスにつながるかと言えば，英語と日本語の語順の違いのためである。

訳出作業が . . . studies which . . . の部分に差し掛かった時，筆者は「ここで訳文をいったん切り，『それらは』で続けよう」と判断した。この時点では，「それらは」を受ける部分として have shown に当たる「. . . を示した（示している）」を最後に続けなければならないことは当然意識していた。しかしそれから時間が経過し，訳を書く作業が英文最後の...contributes next to nothing to happiness. の部分までできた時には，「ああこれで終わりだ」という意識が先にたち，さきほどまでワーキングメモリに確かにあったはずの，「have shown に当たる日本語を補う仕事が残っている」という意識がなくなってしまっていたのである。

> A recently published book by an eminent sociologist describes a number of studies which have indeed shown that once a person's income is above the poverty level, an increasingly larger one contributes next to nothing to happiness.
>
> ↓
>
> 著名な社会学者によって最近出版された本は，数多くの研究を記述しているが，それらは実際，ひとの収入がいったん貧困レベルを超えると，それ以上収入が増えても，幸せな感じはほとんど変わらないことを示している。

この部分が欠けている訳文ではいかなる採点基準によってもある程度の減点は免れないと推測する。しかし言わせていただくならば，この欠落は筆者の英文理解の程度とは全く関係のない部分で起こった。文の要素の位置が全く異なる英語を日本語に直すという作業は，ことほどさように英文理解とは直接関係ない認知作業が必要になるのである。そして，繰り返しになるが，その英文理解とは直接関係のない作業，つまり上述のステップ 2，およびステップ 3 の占める時間的割合がとてつもなく（prohibitively）大きい行為なのである。

ちなみにこの問題の旺文社の『全国大学入試問題正解』の「解答」は，以下の通りである。

ある著名な社会学者が最近出した本の中で，いったん個人の収入が貧困線を越えてしまうと，さらにますます収入が増大しても，それはほとんど幸福には寄与しない，ということを実際に示す数多くの研究が述べられている。

この解答例のように英語の語順を全く変えて，訳文の中の「研究」の修飾部分をすべて「研究」の前にもってこようとするならば，筆者が行ったような「訳し下し」方式に比べてさらにステップ2で要求される負担（認知的，時間的）が大きくなるはずである。

また，この「解答」にけちをつけるつもりはないが，筆者の日本語感覚では，「ある著名な社会学者が最近出した本の中で，いったん個人...」と読み出すと，「社会学者が」が文全体の主語であろう，と認識する。よって，文は，「...と書いている」とか「...と述べている」のような，「社会学者が」に対応する述語を期待する。ところがこの訳文ではその期待は裏切られ，「研究が述べられている」と完結する。ここまで読んで，それまでの読みが間違っていたことに気づき，文頭に戻って「社会学者が」は「出した」を修飾してそれで終わりであって，訳文全体の主語は「研究が」なのだ，と判断の修正を強いられる。しかし，もしそうなら「本の中で」ではなく「本の中に」とか「本の中には」のほうが良いのではないか。さらに「研究」を「述べる」というのは日本語のコロケーションとしてはおかしいのではないか。筆者の先に示した苦し紛れのコロケーション「研究を記述する」のほうがまだましではないか。

...などということを感じる。そしてポイントは，この両方とも，英文の理解の程度とは全く無関係の，英語の試験としてはどうでもよいことだ，ということである。筆者も，この旺文社の解答例の作成者も，もとの英文の意味を完全に理解していることは間違いない。それでも筆者の場合，describe, happiness, contributes の日本語化で悩み，この解答者もおそらく describe で悩み，「研究を述べる」を採用せざるを得なかったのではないか，と推測する。この悩みの部分でおそらく時間がかかったのだ。

さて，上で「英文和訳を行い，訳文を作成する」という行為を3つのステップに分け，そのうちのステップ2と3にかかる時間が多いことを示した。そして，このステップ2と3は本質的には無駄な時間である。「本質的には無駄な」というのは，ステップ1が直接観察できないので，しかたなく行わせている，という意味においてである。将来テクノロジーが進歩し，ステップ1の成否が脳を直接観察することで判明するようになれば不要になる，つまり，しなくて済ませられればそれに越したことはない，という意味で「無駄な」時間なのである。結論としては，英文和訳とは，時間的にはその96%が「無駄な」作業で占められる行為であると言える。

1-3 時間がかかりすぎると何が悪いのか

では時間がかかりすぎると何が問題なのであろうか。まず英語のテストに解答している時間の大半を，英語の理解とは直接関係のない，しなくて済むのならばそれに越したことはないような作業をさせていること自体が大変よろしくない。英語の試験時間50分の間中，日本語を書き続けている学生の存在は不条理である。

次に，ステップ2と3で時間を取られるために実施できなくなっている問題があることも見逃せない。つまりこういうことである。仮に37語の英文を訳すのに4分かかったとして，40分の試験時間であれば37語×10＝370語の英文を訳すのがやっとである。しかし，先に述べたように，37語の文は７秒で読めたとする。その７秒で読めた部分の理解度をもっと効率よく，例えば10秒で測れる方法があったとする。37語の文を読んでかつ問題に解答するのに17秒しかかからなければ，40分の試験時間中に，そのような問題を141題実施することができる。37語の英文を10題訳させるのと，37語の英文を141題読ませて，１題につき１つの応答，計141の応答を引き出すのとでは，どちらがより緻密な測定ができるであろうか。採点の信頼性の問題まで考慮に入れれば後者のほうが圧倒的に正確な結果がでるはずである。（１題17秒で実施できる問題の実例については後で提案する。）

1-4　時間がかかりすぎることの最大の弊害

これまで論じたのは，無駄な時間がかかりすぎることの，テスト実施中における弊害であった。しかしテストは，とくにそれが受験者にとって重大なものであればあるほどテストのための準備，すなわち受験者のそれまでの英語学習に圧倒的な影響力，つまり波及効果をもつことは繰り返し述べた通りである。

英文和訳が出題される定期試験で良い結果を出したい生徒は，英文和訳の練習をするだろう。英文和訳が入試に出題される大学にどうしても入りたい学生は，やはり英文和訳の練習をするだろう。実際，教科書本文の訳をびっしりノートに書いてくる生徒はいまだに多い。大学の学生にすら，ノートに全訳をしてきているのを見かけることがある。

英語学習の中で，英文和訳をし，しかもそれを書く，という行為はどういう意味をもつのだろうか。先に示したように，英文和訳を筆記作成する場合，その所要時間の96％近くが，英語理解は終わった後の作業に費やされる。和訳をノートに書き付けている生徒は，その作業をしているおかげで，１つの英文を英語として理解したら直ちに次の文（あるいはテキスト）に移り次々に読解作業を行う，ということができないのである。

実例をあげよう。平均100wpm のスピードで英語を読む学習者が今，自宅で英語学習中であるとする。今回の英語のリーディングトレーニングに当てられる時間が60分であったとする。読んで意味を理解するだけ（しかし，そもそもそれ以上に何が必要だと言うのか？）で先に進む方法であれば，60分間に100×60＝6000語の英文テキストに触れることができる。もちろんこれは機械的な計算であって，実際には何度も読み返したり，考え込んだり，辞書に当たったりするだろうが，あくまで理想的な状況での話である。

これに対して，読んで理解した結果を必ず全部日本語にして書き付けるという方法をとる場合，先の割合を使うと，60分間中，実際に英文を読むのに使える時間は60×(４/100)＝2.4分であり，100×2.4＝240語の英文テキストにしか触れることができない。理解しながらどんどん読み進んだ場合の実に50分の１の量である。

英語教授法，学習法についてどのような見解を持っている読者であっても，マクロな話としては，英語力の伸長のためには（理解をともなった）インプットの量の確保が１つのキーとなる，という点については同意するはずだ。しかるに，日ごろの英語学習の中で，「英文を読むときは必ず全文を日本語に訳してみることが大切である」，あるいは「実際に訳文を書いてみることがリーディング力養成のポイントである」というような考えをもっていると，そのような考えをもっていない場合に比べ，実際の英語に接する量，インプットの量が，圧倒的に少ない。つまり，きわめて限られたものになってしまうのである。

こうしてみると，英語の試験に英文和訳を出題する者は，その形式に対応するための学習を誘発することで受験者に非効率的な学習を強制する，という大変な罪を犯しているといっても過言ではない。同じ強制するなら，強制された結果が英語力の伸長につながるような強制をしなくてよいのか？

1-5 英文和訳の問題点その2：推測困難性

第2の問題は，英文和訳というのは，受験者が当該の英文を理解している程度を測ることが難しい（ことが多い）問題形式だということである。ここで再確認しておくことがある。我々の目的は受験者が問題の英文を理解できる（あるいは，できた）程度を知ることである。しかしそれを直接観察することができないので，その手段として和文に訳させるのである。採点者はその和文を見て，それを書いた者（受験者）がもとの英文を理解している（あるいは，できた）程度を推測（推し量る）する。図示すると図1のようになる。

ポイントは，採点者が判定すべきは訳文の質（そのもの）ではなく，その訳文の質から窺い知れるその訳文を書いた者の英文の

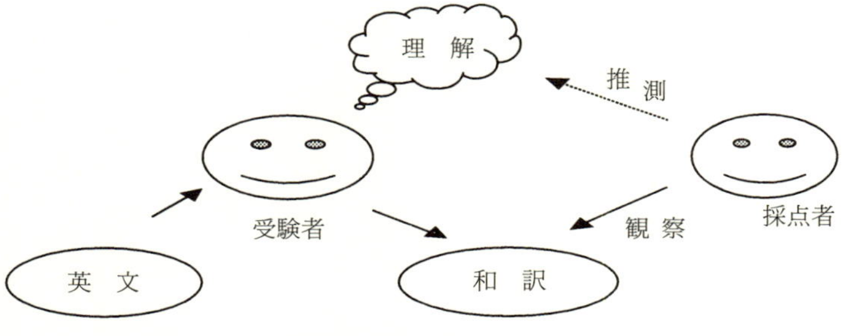

図1　英文和訳の採点における「推測」の構造

理解の程度だ，ということだ。（これを第1章で「第2の間接性」と名づけたのであった。）この2つは似て非なるものであり，はっきり区別しておかなければならない。言い換えると，英文和訳の採点者は，目の前にある訳文を採点するのではなく，訳文の裏に隠れていて見えない英文理解の程度をできる限り推し量ろうとするのである。

この「推し量る」という作業は易しいことも易しくないこともある。易しいのは，訳文から見てもとの英文の理解度が明らかに満足すべき水準に達している，つまり「満点に近い答案」の場合である。これは採点者が異なっても「推測」にずれが生じることがほとんどなく，万人が満点かそれに近い点をつけるだろう。先ほどの英文を例として再掲する：

> A recently published book by an eminent sociologist describes a number of studies which have indeed shown that once a person's income is above the poverty level, an increasingly larger one contributes next to nothing to happiness.

次の答案は，上述した旺文社入試問題正解の訳例である。これならおそらく，どんな採点者が見てもおそらく全員満点をつけるはずである。

［訳例１］

> ある著名な社会学者が最近出した本の中で，いったん個人の収入が貧困線を越えてしまうと，さらにますます収入が増大しても，それはほとんど幸福には寄与しない，ということを実際に示す数多くの研究が述べられている。

では次の例はどうだろう。

［訳例２］

ある著名な社会学者が最近出した本の中で，いったん個人の収入が貧困線を越えてしまうと，ますます増加するより大きな収入は，幸福にむかってほとんど無を貢献する，ということを実際に示す数多くの研究が述べられている。

これは判断が難しいところである。訳文を見たところ，構文の取り違えはないようであるが，訳語の日本語としての不自然さが気になる。「ますます増加するより大きな収入」の部分からは，英文が意味するところとはややずれた，「同一個人の収入が（なんらかの理由で）ぐんぐん上昇する」というようなイメージが感じられる。これは単なる訳語の問題なのか，あるいは英文理解が不十分なのか。また「幸福にむかってほとんど無を貢献する」の部分も問題になりそうだ。確かに合っている。ほとんど無の貢献なのだからほとんど貢献しないとイコールになるはずだ。訳文自体は。しかし，繰り返すが，我々が採点すべきは目の前にある訳文自体ではなく，その訳文を生み出した受験者の頭の中なのである。もし受験者の理解が本当に十分だったのなら，なぜ「ほとんど無を貢献」という日本語として不自然な表現にとどまり，「ほとんど何も貢献しない」と一歩踏み込んで書かなかっただろうか？これは訳語の問題か？受験生によっては「極力意訳は避けよ」という指導を受けている場合も多いらしい。これはそのストラテジーのなせる業であって，本当は分かっているのだろうか。あるいはcontributesは「貢献する」next toは「ほとんど」，nothingは「無」を機械的に当てはめただけで，その意味するところは本人もわからず，仮に改めて「要するにどういうことか？」と問われたなら「よくわかりません」という回答が返ってくるような理解度なのだろうか？それをつきとめるすべは，ない。これらの点をどう解釈するか，それによってどの程度減点するのか，あるいはしないのか，判断が難しいところである。

［訳例３］

ある著名な社会学者が最近出した本の中で，いったん個人の収入が貧困線を越えてしまうと，ますます増加するより大きなひとつは，幸福にむかってほとんど無を貢献する，ということを実際に示す数多くの研究が述べられている。

このように one を「ひとつ」と訳されると「この受験生は全くわかっていないのではないか」という疑惑がますます深まる。あとの部分は上の訳例と全く同じである。しかし上のように「収入」とされた場合と比べて，次の「幸福にむかってほとんど無を貢献する」の部分の印象が違ってくる。つまり one を「収入」と書くレベルの受験者が「幸福にむかってほとんど無を貢献する」と書いていると，「おそらくわかってはいるが訳語が不自然なだけだろう」という判断をくだしたくなるが，同じ訳文でも one を「ひとつ」と書くレベルの受験者が書いたとなると，「これはたまたまそれらしく見えるだけで，本当はわかっていないのではないか」と疑いたくなる，といった現象があると思われる。

ポイントは，理解度の推測はこれほどさまざまな要因がからむ至難の業だということだ。

［訳例４］

ある著名な社会学者が最近出した本の中で，いったん個人の収入が貧困線を越えてしまうと，ますます増加するより大きなものは，幸福にむかって無の次を貢献する，ということを実際に示す数多くの研究が述べられている。

これは one を「もの」とし，contributes next to nothing to happiness を「幸福にむかって無の次の貢献をする」とした例。意味がわかったうえで考えれば決して誤ってはいない。しかし，「収入」を指して通常の日本語では「もの」とは言わないので，one＝income がわかっていないのではないか，という疑惑がわくだろう。また，「幸福...」の部分だが，確かに，幸福に向かう（というコロケーションは日本語としてはおかしいが）貢献の度合いが「無の次」なのである。しかし，この訳文からは，受験者は「わかっていない」と判断して大幅減点を主張する採点者も出るだろう。しかし，実はこの受験者はすべてわかっているが，単に訳出するのが下手だったのだけかもしれない。

［訳例５］

ある著名な社会学者が最近出した本の中で，一度個人の収入が貧困線を越え，ますます増加するより大きな収入は，幸福にむかってほとんど無を貢献する，ということを実際に示す数多くの研究が述べられている。

これは once ... の部分が接続詞だとわかっていない例である。全体としてもかなり支離滅裂である。こうなると「おそらくこの

受験者はこの英文の言わんとしているポイントは理解していないであろう」という見方がかなり強まるとは思う。しかし訳例2との違いはonceの部分のみである。どのくらい点数差がつくのか，あるいはつかないのか。

つぎに，こんどは限りなくクロに近い訳例を2つ検討する。

［訳例6］

> 最近出された本が，ある著名な社会学者により，いったん個人の収入が貧困線を越えてしまい，さらにますます増大し，人は無の次に幸福には寄与する，ということを実に示してきた研究の多くを描写する。

［訳例7］

> 社会学者がそれを一度示した多くの研究を描写する，一度人の入りは貧困の水準よりも重要であり，ますます増大するより大きなひとつが次に無に貢献して幸せになるのだ。

両方とも何度読んでも意味不明で0点がつく可能性がある。しかし，よく見ると訳例6は「最近出された本」，「ある著名な社会学者」，「いったん個人の収入が貧困線を越え」，「ますます増大」「寄与する」「ということを...示し...研究...描写する」の部分はそれぞれ単独では正解なのである。これらに部分点を（どのくらい）与えるのか，与えないのか，の判断はその都度協議しない限り必ず分かれる。訳例6と7は同程度の理解度を示していると言えるか，あるいは訳例6は7よりも高い理解度を示していると推測できるのか？

表1　訳の組み合わせ可能性

once	above the poverty level	increasingly larger one	contributes next to nothing to happiness
いったん～すると	貧困の水準を越える	それ以上収入が増加しても	ほとんど幸せな気持ちの度合いは増加しない
一度	貧しいレベルの上にある	ますます増加しつつあるより大きな収入	幸せにはほとんど無を貢献する
かつて	貧困レベル上にある	ますます増加しつつあるより大きなひとつ	幸せには何もないものの次を貢献する
以前	貧困レベルにある	増加しているより大きなひとつ	次に無と幸福に貢献する
4	4	4	4

読者も微妙に異なる訳例を見るのにそろそろ混乱してきたと思うのでこのあたりでやめるが，このようなバリエーションは理論的にはほとんど無限に作り出すことができる。実際の答案にも数限りないバリエーションがあることは採点に携わった者ならば納得するところである。

バリエーションを生み出しやすい個所に焦点を当て，潜在的に可能なバリエーションを表にしてみよう（表1）。

ここに挙げた例の組み合わせ総数は 4 × 4 × 4 × 4 ＝256通りである。さらに，別のパタンもあり得る。

［訳例8］

著名な社会学者が最近の本で書いているが，収入は基本的な生活ができるだけあればいいのであって，それ以上多くても幸せとは関係がない。

これはまた別の意味で，判断がむつかしい訳文だ。この訳文自体のポイントと，もとの英文のポイントはほぼ等しいと言ってよいであろう。しかしこの受験者が，英文の意味を正確に把握したうえであえてこのようないわゆる「意訳」にしたのか，それとも once とか，poverty level とか increasingly larger とか，contributes next to nothing などの細部の意味がわからないことを隠すためこのようなこなれた日本語にしたのか，は本人しかわからない。

さて，これまで1つの英文から作られる可能性のある訳文例として8つを挙げた。もちろんもっとたくさん挙げることもできる。しかしポイントは，いかに多様な訳例が可能か，という点ではない。いかに多様であっても，採点すべき対象が，目の前にある訳例そのものであれば，時間と労力さえ許せば，(実際のテストの採点では許されないことがほとんどだが) 何百とあるバリエーションのひとつひとつに部分点を決めて採点することも，理論的には可能である (現実的には不可能である)。

しかし繰り返し強調しているように，採点すべきは目の前の訳例そのものではなく，その訳例から窺い知れる受験者の英文理解度，受験者が心に構築することのできた**心的表象**，mental representation である。そしてこちらは，どんなに時間と労力を費やしたとしても，紙の上に書かれた訳例だけからは知りえない，少なくとも一意的に決められないものである。一意的に決まらないということは心的表象のレベルと訳文のレベルが1対1に対応しないということだ。

1-6　なぜ理解度を隠せるのか

しかしなぜこのような現象が起こるのであろうか。なぜ訳文からでは，その訳文を書く受験者の心の中にある mental representation を推測することが難しいのか。それには大きく2つの要因が考えられる。

1つは，受験者が日本語のネイティブスピーカーだからである。言語Aを言語Bに翻訳するときに，それを言語Aのネイティブスピーカーが行う場合と，言語Bのネイティブスピーカーが行う場合がある（それ以外の場合もあるが，今の議論には関係ない）。日本人が行う英文和訳は，英語から日本語への翻訳を日本語のネイティブスピーカーが行うのである。ネイティブスピーカーであるから日本語の語彙は自由自在にあやつれる。（注：これは通常の事柄について通常の日本語を表出できる，というレベルの話であって，文学者に比べて語彙が少ないとか，表現力が乏しい，といったレベルの話をしていない。）あやつれるから，たとえ英文から得られる情報インプットがかなり断片的で，全体としての理解，mental representation がほとんど意味不明なものであっても，それをかなりの程度糊塗してアウトプットすることが可能なのである。

しかし，いかにネイティブスピーカーが書いたにせよ，部分的に単語が分かっただけで，あとは想像力をたくましくして「適当に」つじつま合わせで作り上げた訳文と，かなり正確な心的表象を得た上で作り上げた訳文は，おのずと異なるはずである。確かに通常の状況ではそうであろう。しかしわが国のテストにおける英文和訳においてはそうでもないのだ。その区別が難しい第2の原因は，わが国の英語の試験における「英文和訳」では，どのような訳文が良い訳文とされるのか，という点に関するコンセンサスが不足していることである。

いわゆる「直訳」と「意訳」のどちらがよいのか，テストではどちらがより高く評価されるのか，あるいは同じなのか，に関する議論は稀である。そして稀にそのような議論がなされる場合に感じられるのは，教師間，テスター間に見られる「訳文」観の微妙なずれである。例えば，

A recently published book by an eminent sociologist describes a number of studies which have indeed shown that once a person's income is above the poverty level, an increasingly larger one contributes next to nothing to happiness.

という英文の訳として，

ある著名な社会学者によって最近出版された本は，人の収入がいったん貧困水準の上方にあるようになったならば，だんだん大きくなるもの（収入）は幸福にたいしてほとんど貢献をしないということを実に示してきたような数多くの研究を描写している。

というような「やや日本語としては不自然だが英文に忠実な訳文」がよいのか，

著名な社会学者が最近の著書の中で，人は貧困でさえなければ，収入がそれ以上多くなってもほとんど幸せにはつながらない，ということを示す多くの研究を紹介している。

というような，「英文の表現（あるいは構造）を忠実に再現はしていない部分はあるが，より日本語として読みやすい訳文」がよ

いのか，あるいは同じ程度によいのか，に関する合意はなかなか得られない。もう１つ例を挙げる。

> They are the Teenangels, a growing team of young volunteers worldwide who — armed with Internet savvy and a little common sense — protect their peers online.

Reading Communicator（三修社）p.44 より

［直訳］

> 彼らは「ザ・ティーンエンジェルズ」——インターネットの知識と少しの常識で武装して，ネット上の同年代者たちを守る世界中の若いボランティアたちの成長しつつあるチームである。

［意訳］

> 彼らの名は「ザ・ティーンエンジェルズ」，インターネットの知識とほんのちょっとの常識を武器にネット上の同年代の仲間を守る，若いボランティアのチームだ。構成メンバーは世界にまたがり，またその人数は増加中である。

このどちらがよいのかに関して，例えば大学の入試を受ける生徒たちを指導する多くの高校教師たちには確信がないと見て間違いなかろう。確信がないから，生徒に意訳と直訳とどちらがいいのですか，と尋ねられると，「正確で，かつ自然な訳文を書くのがよい」などと，わかったようなわからないような，実はほとんど不可能なことを言って受験生を煙に巻かざるを得なくなることもある（かつて高校教師時代に大学受験の指導をしていた筆者はその１人であった）。

また，「とにかく自分は英文の構造が分かっているのだ，英語の表現が分かっているのだ，文法のポイントを知っているのだ，ということを採点者にアピールするためには，徹底的に直訳しろ。そのほうが安全だ。」と指導することが多いとも聞く。そしてそのような指導を受けた受験生は半ば意図的に直訳調の訳文を書く。こうして，ある程度理解している場合も，ほとんど理解している場合も，完璧に理解している場合も，かなり不自然な日本語をあえて書く受験生集団が生まれる。そして，おそらくこの集団が多数派なのだ。

さらに，わからない部分がある場合には，自分がわからないということが採点する側に極力わからないような訳文を書こうとする。（ちなみに，これは無理もないことである。受験者は不正でない限りあらゆる手段を駆使して自らの能力を可能な限り高く装う権利がある。ほとんどの場合，それが彼らの利益につながるからである。）

このような背景があるため，英文和訳の答案の中には，20％の理解度を80％の想像力で補っているもの，60％の理解度を40％の想像力で補っているもの，80％の理解度を20％の想像力で補っているもの，100％理解しているが日本語化に苦労しているもの，等々の無限の組み合わせが入り乱れており，ひとつひとつの答案の本質を見抜いてその裏にある心的表象の実体を見極めるのが，極めて困難（もしくは不可能）な場合が多く現れることになっている。

これが面接の状況であれば，受験者が最初に言った訳文に疑義がある場合には，何度でも別の角度から探りをいれ，かなり正確に心的表象の実体を見抜くことができるだろう。しかし，紙の上に書かれたたった1つの訳例から伺える心的表象は限りなく不透明である。受験者の第1言語に翻訳させて書かせるという手法には，英文理解を推し量る上で，それほど厳しい限界があるのである。

1-7 英文和説明／要約はどうか

英文和訳に比べると少数だが，ある程度の長さの英文を提示し，その要点を日本語で書かせる，という形式がある。指示文は，「〜字以内で説明しなさい」，「日本語で具体的に説明しなさい」，「簡潔に説明しなさい」などが多い。この指示は「日本語に訳しなさい」よりも，よほど「明確」である。明確であるというのは，日本語訳で問題になるような「どのような訳がよい解答なのか，英文表現や文構造に忠実で不自然な日本語と，英文表現や文構造からは離れているが自然な日本語とどちらがよいのか」というジレンマがないからである。「説明しなさい」，「要約しなさい」という指示を見れば，すべての受験者が，「英文の内容を適切に(まとめたものを）日本語で表すのだ」ということを理解する。ここで「日本語」とは「まともな日本語」のみを指すのであって，英文和訳の世界に存在するような「擬似日本語」は最初から想定されない。「直訳」対「意訳」のような2項対立が存在しない。よって，このような問題形式での答案が意味不明なものであれば，即それはその答案を書いた者の心的表象の質の反映であるとわかる。この意味で，この「説明」問題は，「和訳」問題に比べてはるかに望ましいオプションである。

しかしそれでも，長期的な視野に立てば，このような日本語による説明あるいは要約を求める問題が重要なテスト（high-stakes tests）に出題されつづけることは，望ましくないと結論づけ，縮小あるいは廃止の方向に努力することが，日本の英語教育のためであると強く信ずる。

その理由は英文和訳がよろしくない理由と基本的には共通で，「第2言語能力のテストにおいて，第1言語での生成を求めるテストだから」である。先の「時間がかかることの最大の罪」の項で述べた英文和訳の問題点は，ほぼそのままに日本語説明／要約にもあてはまる。すなわち，このような問題はやはり，英語を読んでその内容を日本語で説明する，あるいは要約する，という学習を誘発する。例えば「リーディング」の授業と称して，英文テキストを読みながら，学習者が，あるいは教授者が，もっぱら日本語を媒介として英文の内容を説明し，論ずる，という，いわば「英語を日本語で読む授業」を誘発し，かつ正当化する。つまり波及効果が良くないのだ。

もちろん，そのような授業でも英語を読む力は伸びる。しかし，例えば読んだ題材について簡単に英語で説明する，というような力は伸びない。伸びる伸びない以前の問題で，その能力は事実上ゼロだと考えて大きな間違いはない。筆者は今まで中学から大学まで数千人の日本人英語学習と接してきたが，リーディング授業で英文を読んだ後に，「それはつまりどういう意味か自分なりに英語で説明してごらん」と指示して，たったの一言でも英語が口から出てくるのはごく少数の例外を除いて，極めてめずらしい。（注：もちろん，筆者の授業を受ける初期状態では，という意味である。その能力をゼロから1に，そして2に伸ばしてゆくのが筆者のリーディング授業のねらいである。）

1-8 リーディング授業はリーディングに特化してよいか

英語を日本語で読む授業でもリーディングの力自体は伸びると書いた。それでは，リーディングの授業はリーディング能力の伸長に特化していればよいのか。それだけを取り出して見ればその通りであろう。リーディング授業はリーディングに，リスニング授業はリスニングに，ライティング授業はライティングに，そしてスピーキング授業はスピーキングに特化することの何が悪いのか？それがそれぞれの授業の定義ではないのか？確かにそのこと自体は悪いことではない。しかしそれが問題ないのは，これらが全体としてバランスよく行われる場合に限る。

何をもってバランスがよいとするかは難しいが，現象的には例えば，１人の学習者に焦点を当てたときに，４つの技能のトレーニングに費やしている時間が完全に１：１：１：１ではないにしても，極端にその比率から外れていないということである。あるいは１つのテストを取りだした時に，総合点に対する４技能の重み付けが25％ずつか，それに近いことである。あるいは１人の学習者をみたときに，読んでわかるレベルと聞いてわかるレベル，話ができるレベルと書けるレベルが，もちろん受容できるレベルは生成できるレベルよりもかなり高いことは当然としても，それほど極端な違いがない，ということである。

このような基準に照らしたとき，大部分の日本人英語学習者の技能レベル・プロファイルが著しくバランスを欠くものになっていることは明らかである。

前述のように，例えばアメリカの学年レベル換算で10年生レベルに分類されるような英文をそれなりに読み解くことができても，それについて第三者に口頭で伝えることは，「ほぼまったく」できない，というのがほとんどの学習者の姿と考えてそれほど大きな間違いはない。

それは英語を読んで意味を理解する，という訓練に費やされる労力と時間に比べて，意味を言語化（英語化）して表現する，という訓練に当てる時間と労力が圧倒的に少ない，という事情をそのまま反映している。以下は，筆者がこのあたりの問題を論じた別稿（静 2002）からの抜粋である。

「単一能力」から程遠い日本人学習者

約20年前，Oller（1979）が「単一能力仮説」（Unitary Competence Hypothesis）を唱えた。彼の仮説のポイントは，言語能力というものはそれ以上分解することができない，というものである。話す能力，読む能力，などと細分化して語られることの多い言語能力だが，そのすべての根底に期待文法（expectancy grammar）があり，ある個人に関するこの能力の水準さえわかれば，あとの「～能力」はほとんどすべて説明できる，といった主張であった。この主張の主たる根拠はクローズテストとその他のテストの相関がかなり高い，ということで，クローズテストは期待文法の水準を測るのに適している，とされた。その後，この仮説にたいする批判，反論があいつぎ，最終的にはOller自身が自説の誤りを認めた（Oller 1980; 1983）。現在では単一能力仮説をそのままの形で継承している研究者はほとんど知られていない。

しかし振り返って考えてみれば，直観的に無理がある仮説であった。我々が主として関わる日本人学習者に関して「読めるが，聞けない，話せない」というステロタイプが生み出されて久しい。このステロタイプに関して時に，「日本人は読めるが云々と言われるが，実は国際的水準から見れば『読める』とは言いがたい」というコメントが聞かれることがある。しかしそれは「読める」の絶対的レベルが低い，という意味に過ぎないわけで，平均的日本人学習者の「読める」水準と「聞ける」水準，「話せる」水準を比べれば，やはり「読める」ほどには「聞けない」。あるいは逆の表現をすれば，国際水準的には「読める」レベルは低いが，「聞ける」，「話せる」レベルはさらに低い。Oller が1979年当時，もし日本人学習者のこのようなプロファイルをも知っていたのなら，ひょっとしたら最初から単一能力仮説を提唱しなかったのではないか，とさえ思われる。

英語学習の目的の変化

いまさら指摘するまでもないことだが，明治の昔からわが国の英語教育の第1の目的は，英語で書かれた欧米の文献を正確に解読できる能力を持つ学徒を養成することであった（この「であった」の部分を英語に直した場合に現在完了なのか過去完了なのかは意見の分かれるところかもしれない)。この目的に照らして従来の英語教育が成功してきたことには，かなりの程度，間違いはないと思われる。英語を読み，その意味を理解することができるという能力の養成に特化してよいのであれば，英文テキストを日本語を媒介にして解読し，日本語訳を生み出すことに成功した時点で，授業の目標は十分に達成されると言ってよい。さらに，その内容に関して日本語を媒介にして論ずることによってテキストを「鑑賞」しつくし，読み手がそれによって何らかの「人格的成長」を遂げた，となれば，目標は十二分に達成される，と言えるであろう。

しかし好むと好まざるとに関わらず，もはや状況は変わってしまった。インターネットで世界が事実上1つのコミュニティになりつつあるとも見える現在，コミュニケーションの手段として英語が使いこなせないことは，個人にとってまた集団にとって，長期的には明らかに不利に働く要因である。「ボーダーレス化」は従来の English as a Second Language（ESL）と English as a Foreign Language（EFL）という概念の境界にも及びつつあるといえよう。

このような状況の変化は，当然わが国における英語教育の目的に変化をもたらした。2002年現在，日本の初等，中等，そして高等教育機関における英語教育の主たる目的は，コミュニケーションの手段として英語を使用することができる国民の養成であることに，筆者の中では疑いはない。

(中略)

「英語を日本語で読む」ことの限界

大きな目標である「実践的コミュニケーション能力の養成」に照らしたとき，英語テキストを日本語によって説明し，また訳し，論じ，鑑賞し，そして終わる授業は2002年現在，存在することが許容されるだろうか。

日本の英語教育はいわゆる EFL の状況にある。英語はあくまで外国語として学習されており，教室を1歩出れば，少なくとも音声としての英語はコミュニケーションの手段として使用されていない。そうであるから，教室の中だけコミュニケーションを持ち込むのは非現実的，非効率的，かつ不要だ，と判断するか，逆にそうであるからこそ教室の中だけがコミュニケーション訓練を行える貴重な空間である，と考えるかが大きな分かれ道である。

筆者の認識は後者である。限られた授業時間だからこそ，英語を理解し（かつ「鑑賞」し）た時点で授業を終わっている余裕はない。それではまだやるべきことの中途である。母語である日本語を頼りに，いかに正確にかつ深く英文テクストの内容を理解，鑑賞したとしても，理解，鑑賞した内容を目標言語である英語で少なくともある程度第三者に伝えられなかったとしたら，どれほどの意味があるのだろう。高尚なテクスト内容を訳読によって理解し，その内容が深く鑑賞できてさえいれば，第三者に “Could you tell me about it?” と言われて一言も説明できなくとも良い，とでも言うのだろうか。これもいまさら指摘するまでもないが，英語文化は明示的な表現を尊ぶ文化である。“dumb” という語に「口のきけない」という意味と「馬鹿な」という意味が重なっている事実に象徴的に表れている。これ以上 “dumb” な学生を生産しつづけることが許されるのだろうか。

答えは明らかである。「リーディング」の授業は，英語を日本語で読んで，そして終わる授業から，読みとった内容にもとづくコミュニケーション（reading-based communication）を主体として行う授業に変貌することが求められている。

（靜，2002，pp.1-4）

2002年現在の日本語英語教育という大状況の中では，英語を読み取ってそれで終わり，という授業を助長するような，英文和説明・要約問題は，その姿を変えていく必要があることは間違いない。

1-9　英文和訳・和要約に代わる選択式問題

これまで，英文和訳，英文和要約，英文和説明の廃止を強く訴えた。そして，繰り返しになるが，本書の提言は「応答として受験者が日本語を生成することを求める問題はやめ，英語を生成することで解答する問題のみ，あるいはそれに加えて記号による応答を求める問題だけにせよ」ということであった。順序が逆になるが，記号による応答を求める問題を先に論ずる。

(1) 英文和要約選択問題

英文和訳で出題されているようなマテリアル（つまり，1～数センテンス程度の英文）の理解度を記号選択式でtapしようと思えば，いくつかのオプションが考えられる。先に，「10秒で測れる問題形式があれば」という表現をしたが，そのようなものとしては，まず，例えば次のような日本語選択肢による多肢選択問題がある（10秒というのはあくまで選択肢を読んで正解を選ぶ時間であり，英文を読む時間は含まないことに留意していただきたい）。

> 次の英文の中心的な意味として最も適当なものを選びなさい。
>
> A recently published book by an eminent sociologist describes a number of studies which have indeed shown that once a person's income is above the poverty level, an increasingly larger one contributes next to nothing to happiness.
>
> ア 貧困の度合いは幸福感を減ずる。
> イ ある程度の収入があればよい。
> ウ やはり収入は多いに越したことはない。
> エ 貧困を体験すると幸福観が変わる。

このような問題を作成するときには留意点が２つある。

留意点１：選択肢はポイントのみを

１つは，選択肢をすべてのディテールを含んだ和訳ではなく，和要約，つまり英文を読んで得られる mental representation の中心的な部分を端的に日本語で表現したものでなければならないということだ。理由は３つある。

第１にそのほうが選択肢を読む時間が短い。選択肢が日本語の場合，それを読む作業は英語とは無関係なので，短かければ短いほど良い。

第２に和要約であれば，選択肢間の異同が一目でわかるが，和訳にしてしまうと選択肢間でどこが異なりどこが同じかの判別に手間取る。結果，意味内容を選択肢で問うというよりも，「訳文」の巧拙を判別させる，というような的外れな作業に従事させることになる。目安として，当該部分の日本文全体の量が，英文全体の量よりもかなり少ない，という程度がよろしい。

例えば，次頁のような問題は大変よろしくない。訳文の異同として本質的な意味上の差異と，本質的でない表面的な語順や表現上のバリエーションをわざと織り交ぜるとこうなる。当該部分の日本文全体の量が，英文部分の約４倍もある。読者も実際にこの４つの訳文から正解を特定するのに何秒かかるか測ってみて，そのくだらなさを実感していただきたい。余分にかかるその時間が，オリジナルの英文の理解度に関わるものならば仕方がないが，この場合，英語とは全く関係がない部分が多いのだ。

次の英文の訳として最も適当なものを選びなさい。

A recently published book by an eminent sociologist describes a number of studies which have indeed shown that once a person's income is above the poverty level, an increasingly larger one contributes next to nothing to happiness.

ア　ある著名な社会学者が最近本を出版したのだが，その中に，いったん人の収入が貧困レベルにあると，さらにますます収入が増大しても，それはほとんど幸福には寄与しない，ということを実際に示す数多くの研究が紹介されている。

イ　著名な社会学者による最近出版された本の中に，いったん個人の収入が貧困線を越えてしまうと，ますます幸せに貢献しないものが増えてゆく，ということを実際に示す数多くの研究の記述がある。

ウ　ある著名な社会学者が最近出した本の中で，一度個人の収入が貧困というレベルより多くなってしまえば，あとはそれ以上増大しても，ほとんど幸福の度合いは変わらない，ということを実際に示す数多くの研究が記述されている。

エ　ある著名な社会学者によって最近出された本の中で，いったん個人の収入が貧困線を越えてしまうと，いくら収入が増大しても，それはほとんど幸福には寄与しない，ということを実際に示す研究の多さが述べられている。

第3に波及効果がましである。英文和訳を選択肢にすると，おそらく次のような受験対策授業をencourageすることになる。

教師：じゃあ，伊藤，訳してみて。
伊藤：最近...あ，有名な...
教師：「著名な」だな。
伊藤：著名な社会学者による...最近出版された本...は，...describe は「描写」でいいですか。
教師：「描写」でもいいよ。でもまあ「記述している」のほうがぴったりかな。
伊藤：以下のことを実に示した...
教師：indeed はここでは「まさに」くらいかな。
伊藤：まさに示してきた
教師：「示した」でいいよ。
伊藤：示してきたたくさんの勉強...ですか？
教師：「勉強」じゃなくて「研究」だな。
（以下，延々とまだまだ続く）

これに対して，選択肢が要点の場合には次のようなティーチング，コーチングを誘発するはずだ。

教師：describes「記述，説明している」ってあるけど，何が，っていう主語1語はどれだ？　斎藤。
斎藤：book
教師：そうだな。その本が，多くの studies「研究」のことを記述しているわけだが，要するに何を示した研究だって書いてある？
斎藤：いったん人の収入が貧困レベルの...
教師：ごちゃごちゃ言わんで，ずばっと言ってみい，ずばっと。要するに何だ？
斎藤：要するに...貧しくなければいい。
教師：そうだな。

この斎藤さんは英文の意味がよくわかっている，という想定であるが，意味がよくわかっていない生徒であれば，「収入が増えると仕事をなまける」とか「収入が幸福につながる」とかの応答がありえる。このような応答を聞けば，彼または彼女の英文理解が致命的にどこかでつまずいていることが一瞬で明らかになるので，次は，どの部分をどのように読み違えているのかをトップダウン的に突き止める作業をすることになる。

どちらにしても，１人の生徒・学生が訳文をうだうだと言い，授業のムードが沈滞し，もう当たらないと分かっている他の生徒・学生の眠気を誘う，という典型的ダメ授業は回避できる。それにもまして大きいのは，「要するに何を言っているかをとらえることが大切なのだ」という，考えてみれば当たり前の，しかし従来の「樹を見て森を見ず」式の訳読授業ではしばしば無視されていた姿勢を学習者に植え付けることになることだ。

留意点２：意味的に無理のない選択肢を

２つ目の留意点は，誤り選択肢の内容が，オリジナルの英文と無関係に読んだ時に，それなりに意味の通る，plausible なものでなければならないということである。一読して常識と異なる，とか，何を言っているか分からない，というような錯乱肢では，たとえ英文がわからなくとも候補からはずされる可能性が大きく，錯乱肢の役を果たさない。例えば次のような選択肢群では，正解のイ以外は，一読して常識と異なる。

次の英文の中心的な意味として最も適当なものを選びなさい。
A recently published book by an eminent sociologist describes a number of studies which have indeed shown that once a person's income is above the poverty level, an increasingly larger one contributes next to nothing to happiness.

ア　貧しいほど幸せである。
イ　ある程度の収入があればよい。
ウ　やはり収入は少ないに越したことはない。
エ　貧困を一度でも体験すると幸せにはなれない。

(2)　英文英要約選択問題

あるいは選択肢を英語にすることもできる。

次の英文の中心的な意味として最も適当なものを選びなさい。
A recently published book by an eminent sociologist describes a number of studies which have indeed shown that once a person's income is above the poverty level, an increasingly larger one contributes next to nothing to happiness.

ア　The poorer you are, the less happy you will be.
イ　A moderate income will be enough.
ウ　A larger income will be desirable.
エ　The more rich you are, the less happy you will be.

やはり英文のポイントを，今度は英語で表現した選択肢をあげ，選ばせる形式である。このような問題形式は，準備としてこのような英文を見て，要するに According to the studies, you don't need a huge income to feel happy. のような内容だ，ととらえようとする訓練を誘発する。これは間違いなくプラスの波及効果である。

(3) 英文英説明選択問題

英文和要約選択形式の場合には，「選択肢はポイントのみを」と述べたが，選択肢が第 1 言語でなく第 2 言語であるという点で，やや事情が変わってくる。選択肢が第 1 言語の場合，選択肢を読む作業はすべて「無駄」な作業であったが，選択肢が第 2 言語になると，選択肢を読んで理解する行為も，第 2 言語の熟達度を tap することになるからだ。次のような，ポイントのみでなくディテールまでも問題にするような選択肢を作ったとしても，すべてが英語であるので，同じ選択肢を日本語で作った場合のような，「英語と関係ない部分で時間をとられてしまう馬鹿らしさ」はない。

次の英文の意味として最も適当なものを選びなさい。

A recently published book by an eminent sociologist describes a number of studies which have indeed shown that once a person's income is above the poverty level, an increasingly larger one contributes next to nothing to happiness.

ア According to a book recently published by a distinguished sociologist, numerous studies he reviewed imply that people tend to work hard until their incomes surpass the poverty level, but that once they feel they are no longer poor, they tend to stop working as hard as they used to, probably because their desires to feel happy about their lives have been satisfied.

イ A well-known sociologist recently published a book, in which he cites a lot of research that explored the relationship between a person's income and his/her sense of happiness. Most of the studies indicate that among groups whose incomes are below or on the poverty level, their sense of happiness increased in proportion to their incomes, while the relationship does not hold among those whose income are above that level.

ウ A renowned sociologist recently demonstrated in his book that an expected relationship indeed exists between one's income and his or her sense of happiness: a bulk of research evidence shows that high income groups tended to feel happier than low income groups. The degree of subjective happiness drastically differed below and above the so-called poverty level.

エ A book recently written by a famous sociologist describes a number of research findings that despite people's belief in the value of money, money actually cannot buy happiness. Whether a person's income is below or above the poverty level does not have a significant influence on their sense of happiness.

ただし，この場合，tapしているのが，オリジナルの英文を理解していることに加えて，選択肢の英文も理解し，その異同を見極める，という能力も関わってくるということも明確に意識しておく必要がある。とくに選択肢の英文のほうがオリジナルよりも難しいような場合は，問うているのが，もはやオリジナルの英文の理解のみではないことを意識したうえで，このような形式を採るかどうかを決定せねばならない。

以上，３つの選択問題形式の実例をあげた。しかし実はこのような具体的な例を挙げたことで読者に誤解を招くおそれがあるので強調したいことがある。まず，筆者はこのような選択問題だけがよいと言っているのではない（選択式ではなく，記述形式で筆者が望ましいと思う形式は次に提示する)。

次に，ここに提示した選択肢の例が完璧だと主張しているのでもない。もし上の選択肢に不十分なものがあったとしても，それに注目してもらうことは筆者のポイントを逃してもらうことになる。そうではなく，あくまで問題形式の alternatives として見ていただきたい。

そして最後に忘れないでいただきたいのは，この形式であれば，英文和訳を１題解答させるのと同じ時間内に，12題解答させることができる点である。つまり比較対照すべきは，このような選択問題１題と和訳問題１題の優劣ではなく，このような選択問題12題と和訳問題１題の優劣である。

1-10　英文英説明記述問題

これまで，英文和訳あるいは英文和要約という記述形式の項目の代替として，３つの選択形式の項目を提案した。本書が提案する１つの形は，英文の理解に関わる項目はすべて選択式にし，英文の生成に関わる項目（の一部）のみ，記述式にする，というものである。

英文の生成について記述式にするとは，書くべき英文の中身をディテールまで日本語で指定する和文英訳か，書くべき中身の要点を日本語で指定するいわゆる自由英作文を指している。和文英訳と自由英作文を比較した場合，もちろん何を書かせるかにもよるが，波及効果という点から自由英作文に軍配が上がると思われる。思われるが，あえて和文英訳批判は本書のスコープの外に置くことにする。それは先に詳しく論じたように，英文和訳と和文英訳を比較した場合，その不適切さの程度が大きく異なるからである。英文和訳は和訳自体を採点するのでなく和訳から推し量られる英文理解を推測採点しなければならなかったのに対し，和文英訳は，プロダクトである目の前の英文の質自体を採点することが許されるからである。

しかし，読者の中には記述問題を英文の表出に関わる項目のみにとどめておくのにどうしても抵抗を感じる方もいるかもしれない。そのような場合に本書が提案するもう１つのテストの形は，英文の理解に関わる項目の中で，従来英文和訳として問題にされてきた，比較的複雑で難解な，あまり長くない英文マテリアルは，「英文英説明を記述させる」という形で記述問題にする，というものである。

すなわち，次のような形になる。

> 次の英文の意味を，自分なりの英語で説明しなさい。
> A recently published book by an eminent sociologist describes a number of studies which have indeed shown that once a person's income is above the poverty level, an increasingly larger one contributes next to nothing to happiness.

●英文英説明が tap する能力

すぐ気づくことだが，この形式はもとの英文の理解に加えて，その理解内容を英語で表現することを求めており，解答は，理解能力，表現能力の両方の結合した産物になる。理論上は，表２のＡ，Ｂ，Ｃ，Ｄ４つのセルがあるはずである。

セルＡは，英文が理解でき，それをうまく表現もできる場合，セルＢは，英文は理解できるが，それをうまく表現できない場合，セルＣは，英文は理解できないが，それらしい表現を「でっちあげる」場合，セルＤは英文が理解できず，表現もできない場合，である。（ただしこれはあくまで便宜上の類型であって，実際には「理解できる」と「理解できない」の間に無段階の連続性があり，また「うまく表現できる」と「うまく表現できない」の間にも同様の連続性が存在することは言うまでもない。）

つまり，英文和訳の問題として論じた，被験者のプロダクトからは英文理解の度合が一意的に推定できない，というのとパラレルな問題が存在する。「表現ができている」，「表現ができていない」というそれぞれのプロダクトに「理解ができている」，「理解できていない」の２種類のプロセスが対応している。

しかし，まずセルＣは取り除くことが比較的容易である。セルＣというのは，上の問題例であれば，解答として，例えば

A recently published book says that once a person's income is above the poverty level, an increasingly larger one contributes next to nothing to happiness.

などという，単にもとの文の表現をつぎはぎしただけの英文を書

表２　英文英説明問題における，理解と表現の組み合せパタン

	表現ができる	表現ができない
理解ができる	A	B
理解ができない	C	D

表3　英文英説明問題における，理解と表現の組み合せパタン（指示を工夫した場合）

	表現ができる	表現ができない
理解ができる	A	B
理解ができない	ϕ	D

いてくるような場合である。これは指示文の補足として，「単にもともとある表現をつなぎ合わせただけの解答は採点しません」などの指示をつけくわえれば，たやすく排除できる。あるいは，そのまま使用してはならない部分を指定することもできる。

> 次の英文の意味を，自分なりの英語で説明しなさい。ただし，once, above the poverty level, increasingly larger one, contributes next to nothing to happiness は，そのまま使用してはいけません。

すると残るセルは表3のA，B，Dの3つのみとなる。

●「理解」が「表現」の陰に隠れてよいか

表3によれば，解答プロダクトとして表現ができている場合には理解もできている。よって得点としては当該項目の満点をつけてよい。しかしプロダクトとしての表現ができていない場合には，その前段プロセスとしてもとの英文理解ができなかった場合と，理解はできたのだがそれを自分なりの英語で表現することができなかった場合，の2通りがある。これは問題であろうか。

確かに局所的な状況としては問題である。まず英文英説明の解答は，理解と表現という明らかに異なるステップの両方の産物である。解答行動が複数ステップを含む場合にはステップごとに細分化せよ，さもないと解答のもつ意味が不明になる，の古典的事例である。また妥当性という用語を用いるなら，英文英説明は英文を理解する能力をtapする項目としては妥当性に乏しい。表現能力に「汚染」されてしまい，解答を見て英文理解能力を判断するのが困難だからである。逆に純粋表現能力を測定する項目としてもやはり妥当性に乏しい。理解能力の「汚染」があるからである。

しかしながら，より大きな状況を考えてみると話が変わる。今日のわが国において次のような2人の学習者がいたとする。学習者Aは英文を読み，その内容が理解できた。そのとき誰か英語母語話者がそばにいて，どんな内容であったか教えてくれと言った。学習者Aは内容はわかっているのだが，それを英語で表現したことはなく，結果的に何も表現できない。母語話者にしてみればこの学習者から得られる情報はゼロである。学習者Bは同じ英文を読み，その内容が理解できない。そして，母語話者に内容説明を頼まれても当然何も表現できない。母語話者からは，学習者Bも学習者Aも同じに映る。

今考察している問題は，英語テストにおいて，学習者AとBを同列に扱うことは妥当か否か，というものである。そして本書の答えは「妥当だ」，である。英文英説明記述問題が発するメッセージは，「英語は内容を理解し，かつそれを自分なりの英語で表現できて初めて価値がある。表現できないのでは何も理解できないのと変わらない」というものだ。そして，このようなメッセージを発する問題形式が将来の学習者に与える波及効果はどういうものであろうか。学習者はこのような形式でもなんとか得点を上げようとするので，リーディング学習の中で，理解した内容を常に自らの英語で要約しよう，表現しなおそう，より詳しく説明しよう，という練習を繰り返すであろう。すなわち靜（2000, 2002）がEIYOW（Expressing It in Your Own Words）と呼んで提唱しているトレーニングが，リーディング授業の活動としてルーティーン化することになる。その結果，「読めるが話せない」といわれ続けた日本人学習者のゆがんだ技能プロファイルが徐々に是正され，「読めたことはそれなりに表現できる」というプロファイルがより一般的になってゆくと期待される。

つまり，この英文英説明記述問題だけに限って述べるなら，狭義の妥当性の弱さを，より大きなプラスの波及効果が正当化する，ということである。

また，そのようなバランスのとれたプロファイルが一般的になってくれば，「理解する能力」と「表現する能力」の相関が高まり，これらのラベルの異なる能力が，単一の「英語力」という構成概念を別々の面から tap しているという性格が強まる。そうなるとこの項目にはすでに構成概念妥当性が宿ることになる。すなわち，プラスの波及効果をもつ問題形式が普及することによって，当初は弱かった構成概念妥当性が強化されることになる。

1-11 まとめ

従来英文和訳として問われていたような英文マテリアルを用いる項目としては，ターゲットとなる英文素材を提示した上で，

(1) 意味に関して英語での応答を生成する。

(2) 意味に関する英語の選択肢を選択する。

のいずれかがよい（このどちらが可能かは，採点にどの程度エネルギーを費やせるかという外的な要因も関わってくる）。または，先ほど提示したような

(3) 意味に関して日本語の選択肢を選択する。

も許容範囲である。しかしながら，

×(4) 意味に関して日本語で応答を生成する。

だけは100年の計を考えて絶対にやめるべきだ，というのが本書の第1の提言である。

2 提言2，提言3

いわゆる総合問題はやめ，1つの英文素材に対して施す「変形」は多くとも1種類にせよ。

それに従うことが受験者にとって最も効率的で有利であるような指示にせよ。

提言2と3は両方ともいわゆる「総合問題」に関するものなのでまとめて論ずる。再び若林・根岸（1993）を見ると，「総合問題」を，「ある長さの文章を与え，その文章のいろいろな部分について，さまざまな形式の問いを提示し，これに答えさせる方式のテスト」（p. 29）と定義している。さらに詳しく定義するならば，1つの「長文」の中で，「発音の知識」，「語法の知識」，「文法の知識」，「内容把握」など複数の「知識」やら「スキル」やらを測ろうとする問題，であろう。

若林・根岸は総合問題の実例を1つ挙げている。その実例は(1)同義文テスト，(2)英文和訳，(3)前方照応関係，(4)空所補充，(5)並べ換え，(6)和文英訳，の6種類の問題からなっている。彼らは，このそれぞれについて検討し，これらの問題の正解はほとんど当該の「長文」全体の意味の流れと無関係に，いわゆる局所的なレベルの理解で得られてしまうこと，を主な問題点として指摘している。彼らの主な論点は，これらの問題は，「何もこういう『長文』の中でテストする必要はない」（p. 35）という点で，総合問題の実態は「単に1つのpassageを取り上げ，これを利用した『客観テスト』方式のテストと『英文和訳』,『和文英訳』を組み合わせたものにすぎない」と述べている。

彼らの議論は確かにその通りなのだが,「だから総合問題はやめるべきだ」という結論に導くためには,いまひとつ説得力を欠くように思われる。主たる論点が,「個別の問題を長文の中で問う必要はない」ということであれば,それは「個別の問題を長文の中で問うてはならない」とイコールにならない。「必要はないかもしれないが,やっても悪くはないでしょ?」と言われてしまえば終わりである。「総合問題という用語が悪いのなら,組み合わせ問題と呼びます。それでいいでしょ?」という開き直りには無力である。

若林・根岸がこのような指摘を行って10年近くが経過した現在でも,中学,高校,特に高校での定期試験に,このような総合問題が非常に多く見られることにいささか驚く。そして1で論じた英文和訳と同様,若林・根岸が十分触れなかった点を補い,あらためて中学,高校,高専,大学英語教師の読者に訴えたいと思う。

2-1 総合問題の典型

次頁に示したのは「総合問題」の典型的なパタンである。問題を感じていただくために,やや誇張している部分があることをお断りしておく。また,個別項目の適否を論ずる目的ではないので,御覧の通り英文および問題内容はすべてダミーあるいはジョークである。

[問題パタン1]

次の英文を読み，あとの設問に答えよ。

This is what a typical (あ)passage used in entrance examinations looks like. Clearly anyone in his or her right mind would not enjoy being (い)forced to "read" something that can hardly be called (A)a readable passage. It is disgraceful that (1) type of test is still quite [①]. This is what a typical passage used in entrance examinations looks like. Clearly (B)anyone in his or her right mind would not enjoy being forced to "read" something that can (2) be called a readable passage. It is (う)disgraceful that this type of test is still quite common in our (え)country. This is what a typical passage [②] looks like. (x)Clearly anyone in his or her right mind would not enjoy being forced to "read" something that can hardly be called a readable passage. It is disgraceful that this type of test is (C)still quite common in our country. This is what a (3) passage used in entrance examinations looks like. Clearly anyone in his or her right (4) would not enjoy being forced to "read" something [③] called a readable passage. (D)It is disgraceful that this type of test is still (お)quite common in our country.

問1 (1)〜(4)に入る最も適当なものを次のア〜エからそれぞれひとつ選び，その記号を書きなさい。

(1) ア typical イ readable ウ this エ not
(2) ア would イ still ウ forced エ hardly
(3) ア test イ typical ウ entrance エ right

(4) ア mind イ enjoy ウ typical エ country

問2 (A)～(D)の意味としてもっとも適当なものを次のア～エからそれぞれひとつ選び，その記号を書きなさい。

(A) ア 面白い小説 イ くだらない問題
ウ 見にくい概観 エ 読むことが可能な文章

(B) ア any sensible person イ an optimistic person
ウ a right-handed person エ a professional tester

(C) ア きわめてくだらない イ あまりない
ウ いい加減だ エ よく見られる

(D) ア It is remarkable イ It is shameful
ウ It is wonderful エ It is unrealistic

問3 ①～③のなかを，適切に並べ替えた時，2番目と4番目にくるものの記号を書け。

① ア country イ common ウ our エ in
② ア examinations イ entrance ウ in エ used
③ ア be イ can ウ hardly エ that

問4 (あ)～(お)の語と，アクセントのある母音が同じものをそれぞれの(ア)～(エ)からひとつ選び，その記号を書きなさい。

(あ) passage	(ア) famine	(イ) educate	(ウ) peace	(エ) silly
(い) forced	(ア) course	(イ) boat	(ウ) worm	(エ) August
(う) disgraceful	(ア) dinner	(イ) time	(ウ) full	(エ) ate
(え) country	(ア) coat	(イ) cousin	(ウ) father	(エ) comb
(お) quite	(ア) cute	(イ) busy	(ウ) city	(エ) white

問5 二重下線部(X)を日本語に訳せ。

2-2 総合問題の問題点その１：ミニクサ

いわゆる総合問題の第１の問題は，外見上のミニクサ，である。「ミニクサ」とは「醜さ」であり，かつ「見にくさ」でもある。総合問題の最初の指示は，圧倒的に多くの場合，「次の英文を読んで後の設問に答えなさい」だが，これはまず不可能なことを求めている。なぜならば，「次の英文」はまず例外なく「読む」ことなどできないほど，ずたずたに（mutilated）されている。下線が引いてあったり，空所が設けてあったり，番号が付してあったり，カタカナが付してあったり，大文字のアルファベットが付してあったり，小文字のアルファベットが付してあったり，気が散ること読みにくいことこの上ない。このような英文とも呼べない「英文」など，まともな神経の持ち主なら「読む」気になるはずがない。

「でもテストとはそういうものでしょう？」，「テストなのだから仕方ないのでは？」と思う読者はかなり洗脳が進んでいる。というよりも，自身が生徒・学生の時代からそのような英語テストしか見ていないので，英語のテストというもののイメージが貧困すぎるのである。

断じてそんなことはない。もちろんテストである限り，何らかの「仕掛け」（空所を設けるとか，順番をかえるとか）をしたり，何らかの「マーキング」（下線を引いたり，それに記号を付したり）をし，それについての受験者の応答を求めることは当然あってよい。しかしそれは，必要最低限でなければならないのだ。できる限りにおいて受験者の気を散らさない，集中力を乱さない，混乱を与えないよう配慮したものでなければならないのだ。

煎じ詰めれば，英語のテストで測定すべきは，(1) 英語を聞いて，または読んで，どの程度理解できるか，メッセージを受け取ることができるか，と，(2) 自分の持っているメッセージを，話すことで，または書くことで，どの程度的確に相手に伝えることができるか，の２つしかない。テクノロジーが進み，人間の脳の中で起こっていることを直接観察できる時代がくれば，上の (1) を測定するためには，刺激として文字で記録された英文，あるいは音声で記録された英文を与えるだけでよくなる。そうなれば，下線も番号も記号も空欄も，その他すべての「鬱陶しい」仕掛けもマーキングも不要である。

「仕掛け」や「マーキング」はそのようなものである。なければないに越したことはない必要悪，邪魔者なのだ。何の邪魔かといえば，受験者がまともに英文を読む，英文からメッセージを受け取ろうとするという行為にとって邪魔なのである。邪魔だということは，最も大事な英文からメッセージを受けとることに専念できないということで，そのような状況でなされる応答は，我々が関心のある，受験者の能力のエッセンス（つまり英語力）以外の部分を多く含むことが考えられる。受験者の応答が汚染されて (contaminated) いれば，得点の信頼性が下がり，ひいては英語テストとしての妥当性が下がる。

2-3　総合問題の問題点その２：ヤリニクサ

英語テストの問題は，左から右に，そして上から下に書いてある。左から右に，上から下に書いてあるということは，その順番で読むことが想定されているはずである。すなわちその順番で読むのが一番理解しやすい，というのが暗黙の約束ごとである。一番上に (1)，次に (2)，その次に (3) という番号の付された指示があったとすれば，それは (1) に取り組んでから (2)，その次に (3)，という順番で取り組みなさい，という指示である。そしてそれが最も「理解しやすく」，「処理しやすく」，「効率的」なように作ってあるはずである。もしそれが，(1)の次に(3)，そしてその次に(2)とやったほうが効率的であったとしたら，それは一種の「詐欺」である。もしそうならば，(1)の次に現行の(3)，その次に現行の(2)を配置して，番号を振り直さなければならない。

多くの総合問題は，このような意味で「詐欺」的なものなのである。つまり指示に従うことが最も良い結果につながらない。例えば，先ほどの問題例の指示にそのまま従うなら，次のような恐ろしいことになる。

(1)　まず英文を最初から最後まで「読む」。その過程において，空所があったり，記号があったりして「これは何だろう？」「ここでは何を問われるのだろう？」，「空所があって意味がわからない」等々の邪念は湧くが，なるべく構わず，とにかくできる限り意味を構築しながら英文の最後までたどり着く。何のマーキングも空所もないきれいな英文を読むのとくらべてかなり時間がかかる。

(2)　次に問(1)を見る。(1)〜(4)という空所には，選択肢が与えられていることを知る。英文に視線を戻し，まず(1)を探す。先ほど読んだはずだが，よく覚えていないので，(1)の前後を読む。空所に入る語の見当をつけておいて，それを忘れないうちに，選択肢に視線を戻し，記憶にある適当な語のイメージに近いものがあるかどうか探し，あれば選ぶ。次に英文に視線をもどす。空所（　2　）を目で探す。記号とか別の番号もあるので数秒かかる。ようやく見つかるが，やはり文脈を覚えていないので，周囲をもういちど読み直す。以下，(1)の場合と同じ作業を繰り返す。(3)，(4)の場合も同じ。ようやく問1の解答行動が終了。

(3)　次に問2を見る。今度はアルファベットの記号である。適当な意味を選択することが求められていると知る。再び英文に視線を戻し，(A)という下線部を見つける。もう1度下線部を読み，意味を確認し，また設問部に視線を戻し，選択肢から適当なものを選ぶ。再び英文に視線を戻し，下線部(B)を探す。以下同じ作業をすべての下線部について繰り返す。問2の解答行動が終了。

(4)　次に問3を見る。並べ替え問題だと知る。問1，問2の場合と同様の，設問と英文に視線を往復させる作業をそれぞれの問題について繰り返し，...

〈以下延々と続く〉

このような解答行動は，極めて非効率的である。人間の記憶容量（ワーキングメモリ）には限りがあるので，問題英文の内容をすべて覚えておくことはできない。しかも「テストされている」という「非常時」である。緊張から有効メモリ容量はさらに小さくなるだろう。容量が小さいから，同じ部分を何度も読まなければならない。最初に通読して1回，問1に答えるために抜粋しながら1回，問2に答えるためにやはり抜粋しながら1回，問3に答えるために同じように該当個所を中心に1回，計4回は英文を読まねばならない。1度目の通読ですべての内容を覚え，あとは設問だけ見て答えることは絶対に不可能である。

2-4　やりにくいと何が悪いのか

実際にはこのように「馬鹿正直に」指示に従う受験生はあまりいないかもしれない。このような「醜い」問題に慣れた受験者は，例えば次のような方略を，状況に応じて適宜組み合わせて用いる可能性がある。

(1) 「以下の英文を読んで」という指示は無視し，英文を読まずに英文の下の設問に目を通し，記号や番号の部分では何を求められるかを大まかに記憶する。
(2) 英文を読みながら遭遇する順番に問題の解答を考える。
(3) 取り組みやすそうな問題から解答する。

いわゆる受験テクニックと称されるものである。そしてこのようなテクニックが有効に働く余地があると，そこに「汚染」が生じる可能性が大きくなるのだ。汚染（contamination）とは，リサーチ用語としては，「本来興味があるもの以外のものが入りこんでいる状態」を指す。本来は，英語の文章を読んで理解する能力に興味があり，その能力だけを表す結果が欲しいのにもかかわらず，そこにそれ以外の要素，例えば「この種の問題にどれだけ慣れているか」，「この種の問題の英文を，どれだけ醜い記号を無視して読めるか」などが関わってくる。

そして，このような「それ以外の要素」が，すべての受験者に等しく関わるのなら，問題はないのである。つまり，いかに総合問題がミニククとも，その「ミニクサ」が万人にとって同じ程度にミニクイならば，問題はない。ミニククない英文を読んだときよりもパフォーマンスが遅くなるだけであって，ミニククない英文を読んだときのパフォーマンスの個人間の相対的関係（位置，順位）は維持されるからである。

ところが問題なのは，このような問題形式の「体感ミニクサ」が，受験者によって異なる可能性があると思われるからである。普通の人にはきわめてミニクイ問題でも，このような形式に習熟した受験者にはミニククない，ということが起こるのである。そうなると，本来測定されるべき，英語をどれだけ読めるか，という構成概念に関しては同じ２人の受験者でも，受験テクニックにどれだけ長けているか，という部分の差によってあるいは正答数が変わるかもしれない。正答数は変わらなくともこの問題に費やす時間が変わるかもしれない。この問題に費やす時間が変わると，結果的に他の問題に費やせる時間が変わってきて，他の問題の正答数が影響を受けることもある。要するに，英語力と関係のない受験テクニックの部分が働く余地が大きくなるのである。

2-5　改善の第一段階

まず，現行の総合問題をなるべくそのまま使いながら，最も小さな改善を行うとすれば，解答タスク（穴埋め，下線部）の種類によってマーキングを別系統（カッコ番号系統，○番号系統，アイウエオ系統，アルファベット系統など）にせず，すべてを１つに統一することが考えられる。つまり，空所補充だろうが，下線部の意味選択だろうが，すべての設問該当個所に英文に出てくる順番で通し番号を振るのである。すると，つぎのような外見になる。

［問題パタン２］

次の英文を読みながら，

- （　　）には，当てはまる最も適当なものを，
- 下線部は，その意味として最も適当なものを選び，
- ［　　］は，その中に当てはまるようにア〜エを並べ替えなさい。

This is what the passage presented above looks like after

going through a minor modification. Note that it is (1) more manageable since you can respond to questions as you read through the passage. It still (2) has a long way to go, however. This is what [3] looks like after going through a minor modification. Note that it is somewhat more manageable since [4] as you read through the passage. It (5) has a long way to go, however. This is what the passage presented above looks like after (6) going through a minor modification. Note that it is somewhat more manageable since you can respond to questions [7] the passage. It still has a long way to go, however.

(選択肢省略)

●この段階での考察

この問題パタン2と先のパタン1を比較してみると，まず，「次の英文を読み，後の設問に答えよ」という，それに文字通り従うと恐ろしく時間を浪費する指示の代わりに，「次の英文を読みながら，マーキングの種類によってそれぞれのタスクをこなしなさい」という，そのまま素直に従うことが最も効率よい受験方略である，まっとうな指示になっている。受験テクニックとして従来から言われている「まず設問を見て何が問われるかを頭にいれながら読む」という手法を，テクニックという陰の部分におかず，堂々と指示にうたい，そのようなテクニックを知っている，いないに関わらない応答を引きだそうとしている。

設問の指示が英文の前にあろうと，後ろにあろうと，実際には大差ないだろうと思われるかもしれないが，それは英文も設問もすべて同一（見開き）紙面に配置することができる定期テスト等の場合である。大学入試のように問題文自体が見開き紙面におさまらない場合さえあるレベルでは，設問が数ページ後ろに配置されることも珍しくなく，このような違いが現実の「やりやすさ」の上では大きな差になるのだ。

そして最も大きな変更は，設問の種類に関わらず英文中に現れる順番に通し番号を付したことである。これにより，パタン1ではばらばらであった，英文を読むという作業と設問に解答するという作業が同時並行的に行えるようになった。

●残された問題

先に指摘した「問題その2」，すなわち手順上の取り組みにくさはこれで解決したが，「問題その1」として指摘した「ミニクサ」はほとんど変わっていない。ミニクサの根本は，1つのパッセージに下線，(　　)，[　　　] などの種類の異なったマーキングを施している点にある。これを整理するにはどうすればよいだろうか。

そもそも下線部の意味を問う，空所を補充するにふさわしい語を問う，空所を補充するにふさわしいように語を並べ替えさせる，などのタスクはかなり異なった心的作業を必要とし，よってその得点はかなり異なった能力（側面）の反映である。この3つのタスクの中で，英文を読んで理解できるかどうかを測定する，という目的に最も直接的にかなうのは，下線部の意味を問う，である。なぜならば，この形式は，下線部を読んでその意味が理解できている受験者ならば正解できるからである（少なくとも選択肢が良いものならばそうである)。あとの2つは，仮に該当個所のオリジナル部分が変形されていない状態（つまり空所が設けていない状態）で読んで理解できる受験者であっても正解できるという保証はない。このことで，だからあとの2つが問題としてよろしくないと言っているのではない。あとの2つは「英文を読んで理解する」以上，もしくは以外の能力に関わる（tap する）タスクだ，ということである。とくに3つ目の並べ替えは，意味に基づいて言語形式を作り出すという表出的能力の要素がかなり要求される形式である。

というわけで，1つのパッセージに関して，このように複数の異なった能力，心的処理を要求することが果たして良いのか悪いのか，という根本問題に行き着く。言語テスト論からの答えは，「良くない」である。なぜか。

●タスクの種類をそろえる意味

一口にリーディング（読み）というが，その中身はさまざまである。概要のみをとらえようとして読む場合の読み（「最もよく要約しているものを選びなさい」），後でディテールに関する質問を予期しながら行う読み（「〜が〜した時の〜として適切なものどれか」），内容的な整合性の不足を修正しようと意識しながら行う読み（「この文章を読んで，どうすればより分かりやすい構成になるか答えなさい」），形式的な誤りを探しながら行う読み（「この文章には文法的誤りが1つあります。それを答えなさい」），すべてを記憶にとどめようとして行う読み（「書いてあったことを後でできる限り詳しく書いてもらいますので，そのつもりで読みなさい」）は，すべてそれぞれ微妙に異なる。このように異なる心的態度を，1つのパッセージを読みながらスイッチすることは，パフォーマンスの揺れを生み出し，やはり先に述べた「汚染」につながり，得点の誤差部分を大きくすることが考えられる。

誤解が予想されるので補足しておく。今の議論は，単に表面的な意味で「設問の形式・焦点をそろえる」ということではない。1つのパッセージに関して，ある部分では表現の意味を，別の部分では代名詞の前方照応関係を，さらに別の部分ではいわゆる行間の意味を，さらに別の部分ではパッセージ全体の要点を問う，などは決して悪いことではない。なぜならば，これらの設問はすべて「文章の意味を構築しながら読み，最終的には要点を把握する」という，「意味の構築」という1点でくくることのできる統一感のあるタスクだからである。

避けるべきは，意味に関する設問の次に，文法的用法に関する設問を置いたり，総合的能力に関わる空所を置いたり，といった，本質的にかなり異なるタスクを混在させることである。異なる心的態度を要求し，その結果，異なる能力を tap することになる問題形式は，パッセージを改めて問うべきものなのである。

2-6 改善の第二段階

そこで，より抜本的な改善案として提示するのは，次のように，1つのパッセージに対して施す「変形」は多くとも1種類にする形式である。

[問題パタン3]

1 次の文章の下線部の意味として最も適当なものをそれぞれア～エから選びなさい。

This is what a passage looks like when only underlining is used. This format (1) <u>lets the test-taker focus on one type of task</u> when tackling one passage, which is expected to lead to (2) <u>higher reliability in the test score</u>. This is what a passage looks like when only underlining is used. This format lets the test-taker focus on one type of task (3) when tackling one passage, which is expected to lead to higher reliability in the test score. This is (4) what a passage looks like when only underlining is used. This format lets the test-taker focus on one type of task when tackling one passage, (5) which is expected to lead to higher reliability in the test score.

（選択肢省略）

2　次の文章の（　　）に入る最も適当なものをそれぞれア～エから選びなさい。

This is what a passage looks like when only numbered blanks appear in it. This （ 1 ） also lets the test-taker focus on one type of （ 2 ） when tackling one passage, which is expected to lead to （ 3 ） precision. This is what a passage looks like when only numbered blanks （ 4 ） in it. This format also lets the test-taker focus on one type of task when tackling one passage, which is （ 5 ） to lead to measurement precision. This is what a passage looks like when only （ 6 ） blanks appear in it. This format also lets the test-taker focus on one type of task when （ 7 ） one passage, which is expected to lead to measurement precision.

（選択肢省略）

「多くとも1種類」というのは，少ない場合は変形がないこともある，という意味である。変形がないというのは，次のように英文はそのままマーキングのない形で提示し，それについて内容的な設問を付す，という場合である。あらゆる意味で，これがすべての基本となるはずである。

［問題パタン４］

次は環境問題に関する雑誌記事です。よく読んで後の設問(1)〜(5)に答えなさい。

This is what is meant by an un-mutilated passage. Note how easy it is to read a passage like this. This format could be regarded as the most natural since nothing is added to or deleted from the passage itself, making it possible for the test-taker to read it through just as he or she does so in a non-test-taking situation. This is what is meant by an un-mutilated passage. Note how easy it is to read a passage like this. This format could be regarded as the most natural since nothing is added to or deleted from the passage itself, making it possible for the test-taker to read it through just as he or she does so in a non-test-taking situation.

(1) According to the writer, this format is . . .

ア．the most testee-friendly.

イ．not to be used in a real test.

ウ．as good as any other format.

エ．to be avoided whenever possible.

（以下省略）

このように１つのパッセージについては１つの種類の設問のみ，

という原則を貫けば最も望ましいテストとなる。しかし問題作成に関わる現実問題として「1つの種類の設問だけではもったいない」という気持ちが問題作成者にしばしば生ずる。特に入学試験などの high-stakes tests の場合，適当な英文素材を見つけるのが至難の業で，ようやく見つけた素材はなるべく有効利用したい，つまり1つの素材をできる限り多面的に利用し尽くしたい，という気持ちがあるのである。これは現実問題として無理もない部分がある。

●現実的妥協案

そこで，このような現実に対応する術として，本書では1つの英文素材に対して「変形」を伴う問題を1種類，変形を伴わない問題を1種類の計2種類を上限とすることを提案する。「変形を伴わない」問題とは，問題パタン4のような問題内容に関して別にリードを立てて設定する多肢選択問題をはじめとして，問題内容に関する statements を複数提示し，その適否を判断させる内容真偽問題等がある。これらと組み合わせるとすると，問題パタン3の中の問題1，2，3はそれぞれ，次のような外観となる。

[問題パタン5]

1　次の文章について，まず下線部(1)〜(5)の意味として最も適当なものをそれぞれア〜エから選びなさい。つぎに内容に関する問(6)〜(10)に対する最も適当な答えをそれぞれア〜エから選びなさい。

This is what a passage looks like when only underlining is used. This format (1) lets the test-taker focus on one type of task when tackling one passage, which is expected to lead to (2) higher reliability in the test score. This is what a passage looks like when only underlining is used. This format lets the test-taker focus on one type of task (3) when tackling one passage, which is expected to lead to higher reliability in the test score. This is (4) what a passage looks like when only underlining is used. This format lets the test-taker focus on one type of task when tackling one passage, (5) which is expected to lead to higher reliability in the test score.

（下線部 (1) ～ (5) に関する選択肢　省略）

(6) According to the writer, this format is . . .

ア. testee-friendly and efficient.

イ. not to be used in a real test.

ウ. as good as any other format.

エ. to be avoided whenever possible.

（問 (7) ～ (10)　省略）

2　次の文章について，まず空所 (1)～(7)に入る最も適当なものをそれぞれア～エから選びなさい。つぎに内容に関する問 (8)～(12)に対する最も適当な答えをそれぞれア～エから選びなさい。

This is what a passage looks like when only numbered blanks appear in it. This (　1　) also lets the test-taker focus on one type of (　2　) when tackling one passage, which is expected to lead to (　3　) precision. This is what a passage looks like when only numbered blanks (　4　) in it. This format also lets the test-taker focus on one type of task when tackling one passage, which is (　5　) to lead to measurement precision. This is what a passage looks like when only (6) blanks appear in it. This format also lets the test-taker focus on one type of task when (7) one passage, which is expected to lead to measurement precision.

(空所(1)～(7)に関する選択肢　省略)

(8) According to the writer, this format is . . .

ア. testee-friendly and efficient.

イ. not to be used in a real test.

ウ. as good as any other format.

エ. to be avoided whenever possible.

(問(9)～(12)省略)

このようにすることで，変形は1系統1種類のみであり，英文としての最低限度の読みやすさは保たれている。かつ，いったん読み終わった後に，再度内容把握に関する設問を設けることで，英文素材を十分利用しつくしているとも言える。

2-7　改善の第三段階

最後に残された問題は，レイアウトである。大学入試のような500語，時には1000語を超えるような長文になってくると実際の解答しやすさに対するレイアウトの影響は大きい。最もやりにくいのは，長文中の該当個所（マーキングのある個所）と，その部分に関係する選択肢が数ページも離れた場所に印刷されているような場合である（特に裏表になっていると最悪である）。問題1つを解くごとに頁を前後に繰らざるを得ず，非常にイライラする。

これを少しでも解消するには，例えば次頁に示すような形で，

[問題パタン6]

次の文章について，まず空所(1)～(13)に入る最も適当なものをそれぞれア～エから選びなさい。次に内容に関する問(14)～(19)に対する最も適当な答えをそれぞれア～エから選びなさい。

It is easy to see that this layout is the most testee-friendly. We (1) do our very best to make life easy for the testees. We should do our very (2) to make life easy for the testees. It is easy to see that this layout is the most testee-friendly. We should do (3) very best to make life easy for the testees. It is easy to see that this layout is the (4) testee-friendly. We should do our (5) best to make life easy for the testees. It is easy to see that this layout is the most testee-(6). We should do our very best to make life easy for the testees. It is easy to see that this layout is the (7) testee-friendly. We should do our (8) best to make life easy for the testees. It is easy to see that this layout is the most testee-friendly. We should do our very (9) to make life easy for the testees. It is easy to see that this layout is the most testee-friendly. We should do our very best to make life easy for the testees. It is easy to see that this layout is the (10) testee-friendly. We should do our very best to make life easy for the testees. It is easy to see that this layout is the most testee-friendly. We should do our (11) best to make life easy for the testees. We should do our (12) best to make life easy for the testees. It is easy to see that this layout is the most (13) -friendly. We should do our very best to make life easy for the testees.

(1)	ア	should	イ	life	ウ	friendly	エ	testees
(2)	ア	layout	イ	best	ウ	friendly	エ	testees
(3)	ア	layout	イ	life	ウ	our	エ	testees
(4)	ア	layout	イ	life	ウ	friendly	エ	most
(5)	ア	very	イ	life	ウ	friendly	エ	testees
(6)	ア	layout	イ	life	ウ	friendly	エ	testees
(7)	ア	layout	イ	life	ウ	friendly	エ	most
(8)	ア	layout	イ	life	ウ	friendly	エ	very
(9)	ア	layout	イ	best	ウ	friendly	エ	testees
(10)	ア	layout	イ	life	ウ	most	エ	testees
(11)	ア	layout	イ	very	ウ	friendly	エ	testees
(12)	ア	layout	イ	life	ウ	very	エ	testees
(13)	ア	layout	イ	life	ウ	friendly	エ	testees

(14) According to this passage, this layout is . . .

ア the most user-friendly.

イ the least user-friendly.

ウ not to be used in a real test.

エ not acceptable at all.

((15) 以下省略)

英文とそれに関する設問および選択肢が見開き2頁の中で可能な限り見渡せるような形で配置することである。見ての通り，問題が2種類ある場合は両方とも該当個所の横に配置するのは無理なので，どちらか1つになる。それでも取り組みやすさは大違いである。そして，それはそのまま得点の信頼性の確保につながる。

理想は，問題の英文はすべて左頁，該当の設問および選択肢は右頁に配置することである。設問の多少によっては空きスペース（白紙）の部分が出るだろうが，実際に問題を解く立場にたてばこれが一番である。要は，既成概念にとらわれた見かけの「すっきりさ」を重視するのか，実際の受験者にとっての「とりくみやすさ」を重視するのかという，見識の問題である。受験者にとってはきわめてやりにくい「すっきりした」レイアウトなど何の意味もない。

2-8 まとめ

最後に1つのチェックポイントを提示したい。

このテストは校正がしやすいか？

校正がしやすいか否か，というのはそのまま受験者が取り組みやすいか否か，と表裏一体の関係にある。本文の該当個所と設問，選択肢がページをめくらないと比較対照できないような位置にあれば当然，校正はしにくい。英語教師である出題者にとって，ほんの少しでも「校正がしにくい」と感じられたなら，それは学習者である受験者にとっては大変なやりにくさを感じさせる問題のはずだ，と思いをいたすべきである。

3 提言 4

「〜点満点のテスト」を作成するという発想を捨て，「〜項目からなるテスト」を作成する，という発想をせよ。

わが国の英語のテストは圧倒的に「100点満点法」で作成されるものが多い。入試などで200点，300点等のものもあるが，それも100点の倍数であるので100点満点法と呼ぶことにする。これは現在英語テストを作成する立場の英語教師も，過去に学習者として接してきたほとんどすべてがこの100点満点法であったし，またテスト結果を報告すべき実務サイド（教務課や入試部等）も「テストは100点満点とする」などの明文規定をもって作成者を縛るからである。

この100点満点法のテストがいくつの問題項目から構成されているかは，テストによってまちまちである。43問のこともあれば62問のこともある。そして，この「〜問」というのも，通し番号でない限り，いちいち数えてみないとわからない。またそれぞれの問題項目の配点（重み付け）もばらばらであることが多い。例えば大きな１番は２点×10問＝20点，大きな２番は（４点×５問）＋（３点×５問）＝35点，という具合である。

いわば空気のような存在の「テストは100点満点で」という固定観念であるが，実は以下のような問題をはらんでいる。

3-1 無意味な「数字合わせ」を生む

100点満点法のもとでは，満点を100点にすることが優先されるので，項目の数とその配点を操作することが必要になる。「あと20点分余っているのだけれども，この４番を３点にすると３点×

7問＝21点だから，1点オーバーしてしまう。困った。それではせっかく作った問題だが2問減らして配点を4点に上げるか。そうすると4点×5点＝20点でぴったりだ。いや待て待て。この問題で4点はやはり大きすぎるから他の方法を考えよう...」というような経験は英語テストを作成したものなら必ず覚えがあるはずである。

自明の理だと思われるが，全体を100点，また特定の部分を～点にそろえるためになされるこのような操作は本質的に無意味である。無意味であるだけでなく，有害であるとさえいえる。なぜならば，このような操作をする時，出題者の意識は「～点×～問」の結果得られる数値（大問の配点）に向いてしまい，もっと重要なこと，つまり「どのような能力（側面）を測る問題が何問出題されているか」が2次的なものになってしまいがちだからだ。

3-2　100点が絶対満点であるという錯覚を生みやすい

35問からなる英語テストに35問正解した受験者は，その特定のテストにおいて35問正解であったのであり，それ以上でもそれ以下でもない。より難しい問題が含まれるテストを受ければ満点はとれないかもしれない。同様に1問も正解できなかった受験者は，たまたまそのテストの結果がそうなのであって，もっと易しい問題からなるテストであれば半分以上の問題に正解するかもしれない。すなわち1つの100点満点のテストにおける満点は「英語力が完璧」であることを意味しないし，0点は「英語力がゼロ」を意味しない。

こう論ずれば誰も反対はしないのだが，100点という「きりのいい」数字は，そのテストにおける点数が，**比例尺度**（ratio scale）であるかのような錯覚を生みやすい。比例尺度とは，ゼロが当該の「もの」(構成概念)の量がゼロであることを意味し,2つの数値の差が尺度上のどの位置でも同じ意味を持ち,かつ数値が2倍であれば,その「もの」の量も2倍であるような尺度のことを言う。例えば質量がそうである。0グラムとは重さがゼロのことを表す。20グラムと30グラムの差(=10グラム)は80グラムと90グラムの差(=10グラム)と等しい。かつ100グラムは50グラムの,2倍の質量を表す。100点満点の英語テストにおける0点,20点,30点,80点,90点,100点の間にはこのような関係は全く存在しないのだが,満点を100点に設定するとあたかもこれに準ずる関係があるような錯覚を助長する。

あるいは比例尺度ではないのだが,温度のように0℃(水が凍る)と100℃(水が沸騰する)に特別な意味がある**間隔尺度**(interval scale)からの連想も働くのではないだろうか。

3-3 得点の解釈を複雑にする

100点満点法では通常配点の異なる項目が配置されているので,総得点の意味がいわば不透明(opaque)である。この場合のopaqueという意味は,得点の数値だけみても受験者のパフォーマンスが直接わからない,ということである。例えば100点満点における75点という点数は,すべての項目中75%の項目に正答した,という意味ではない。いや厳密には,そういう場合もあるが,そうでない場合のほうが多い。問題の数としては80%の項目に正答し,残りの20%を間違えたが,その20%の部分の配点が高かったのかもしれない。また同じ点数でもそれにいたる応答パタンは受験者によって異なる。25点の減点は,ある受験者は5点の項目を5つ間違えた結果なのかもしれないし,別の受験者は4点の項目を2つ,3点の項目を4つ,そして5点の項目を1つ間違えたのかもしれない。

100点満点のテストにおける得点が語るのは，「内訳はさまざまだし，いくつの問題に正解したかもわからないが，とにかく今回設定した配点で正答を合計してみると，この点数になった」ということのみである。この点数の意味を直接解釈はできない。解釈などいらない，100点中何点とれたかが分かればよい，というのでは大変に困る。

3-4 提案：正答数得点を基本にすべし

以上のような欠点をかかえる「満点法」の代わりに，次の提案を行う。(1)「〜点満点」という発想を捨て，テスト全体の項目数で考える。(2)正答数をそのまま得点とする**正答数得点**を基本とする[1]。正か誤かの2値的（dichotomous）項目はすべて1点とする。部分点を与える場合のみ，配点を変える。

(1) 項目数を発想の基本とする

テスト得点の信頼性を確保する第一の方法は，項目数（いわゆる小問の数）を増やすことである。テスト得点の信頼性とは，得点がいわば「まぐれ当たり」でない程度のことである。野球のピッチャーの制球力を見極めるには，3球投げさせるより10球を，10球よりも20球を投げさせれば，より「運」の要素が減った純粋な制球力が見えてくる。同じように，運（トピックによる当たり外れなども含む）の要素のない純粋な英語力をできる限り見極めるには，項目数が多ければ多いほどよい。多ければ多いほど，と

1 ここで言う「正答数得点を基本とする」とは項目応答理論でなく古典的理論が良いという意味ではない。1／0採点法を基本とするという意味である。

言ってもそれは現実的な制約の中で可能な範囲において，という意味である。

現実的な制約の例としては，所定の制限時間が考えられる。50分，60分，120分等が一般的な上限であろう。その程度の時間内に取り組むことができる項目数はおのずと決まってくる。その限度を明らかに超えて項目数を増やすことは逆に得点の信頼性を損なう結果となる。例えば50分の制限時間のテストで，読解項目を500問出す，などである。それほど多いといかに英語力の高い受験者でもすべてにまともに取り組むことはできない。それでも制限時間中にできる限りの数をこなそうとすると，最後はでたらめに解答を記入する，などの行動が増える。でたらめな解答行動が正答に結びつく可能性は，英語力の高い受験者も低い受験者も同一であるため，結果的に得点の差の中に英語力による部分が少なくなってしまうのだ。このため，リーディングスピード自体を測定の対象とするなどの場合を除き，このような通常**スピードテスト**（speed test）と呼ばれるテストは避けるべきとされている。

以上のような制約は頭に入れた上で，テスト全体でいくつの項目が設定されているのか，また，それぞれの能力側面ごとに設定されている項目数は十分なのか等，項目数に対する意識は大切である。よって，テストを作成する際には，「満点を何点にするか」という意識は捨て，「（全体および部分の）項目数はいくつにするか」という発想を出発点にし，かつ「結果的に項目数はいくつになったのか」を常に意識しておくべきである。このための１つの方略としてテスト中のすべての小問を通し番号にすることを勧める。大問のⅠは項目１～10，大問のⅡは項目11～23，といった具合である。

⑵ 正答得点を得点の基本とする

正答得点は英語でnumber correct scoreまたはnumber right scoreというが，何問正答があったのかを表す数をそのまま得点とするものである。40項目のテストで30項目が正答であれば，得点は「30」である。この方式は，30項目のすべての配点を１点にすることと等しい。この方式は，100点満点法で項目ごとに配点をいろいろ変える方法に比べて以下のような利点がある。上で述べた100点満点法の欠点の裏返しである。

3-5 数字合わせをする必要がない

先に述べたような，配点と項目数をかけてその和を100にする，というような本質的に無意味な作業が不要になる。代わりに，制限時間に比して無理がない範囲で最大限の項目数はいくつか，タイプ別に項目数は十分確保されているか，といったより重要な点に注意を向けるようになる。配点を変えないことの意味については，以下で詳細に論ずる。

3-6 満点の意味に幻覚を持ちづらい

満点が「100点」というきりの良い数字ではないので，得点に関して不要な幻覚を持ちづらい。45項目のテストで36点と言えば，45項目中36項目に正答した，という意味以上でも以下でもないことが明確に伝わる。

自分の作ったテストでの学習者の得点に何か特別な意味を付与したがる教師を何人も見てきた。「100点で48点ではやはり不可をつけざるを得ない」，「48点は48点だ。その事実は消せない。」等，あたかも自分の作ったテストの100点がいわば「絶対100点」であり，学習者がその中でとった得点が「絶対得点」であるかのような意識が感じられることがしばしばあった。しかしこの意識は幻想である。

100点満点で平均点46点である場合，全員に一律30点をプラスすれば（100点を超えるものがいないと仮定すれば）平均点は76点になる。また逆に全員20点をマイナスすれば（0点を下回るものがいないと仮定すれば）平均点は26点になる。これらの操作（線形変換である）は両方とも正当なものであり，個人の得点の意味を一切変えない。全員に所定の点数をプラスするという行為は，全員が正解するような易しい項目をテストに含めていたら得られたであろう結果に等しいし，逆に全員から一律にマイナスすることは，誰にも正解できないような難しい項目をテストに含めていたら得られる結果に等しい。であるからたまたまそのテストで100点中48点であったのは，文字通り，たまたまそのテストでそうだったにすぎないのであり，別のテストでは別の点数だったかもしれない。

「～問で構成されているテストで～問正解だった」以上でも以下でもない，という事実が正答数得点からはより伝わりやすいのである。

3-7　得点の解釈がしやすい

正当数得点は，以下のような性質があり，いわば透明（transparent）である。

●得点の差がそのまま正答数の差である

32点とは必ず「32の項目に正答した」ことを表し，35点は必ず「35の項目に正答した」ことを表す。よって，35点をとった受験者は，32点をとった受験者よりも，正答数において必ず勝っている（配点が項目ごとに変わる満点法だとこの関係は成り立たない）。

●項目の平均得点がそのまま正答率である

すべての項目の配点が１であるから，項目Ａの平均得点が0.75であれば，それはそのまま全受験者の中で項目Ａに正答した者が75％いたことを表す。配点が項目ごとに変わる満点法だと，項目平均得点と正答率は別々に求めなければならない。

●項目ごとの平均得点の差が，項目の難易度の差に対応する

項目Ａの平均得点が0.75で，項目Ｂの平均得点が0.68であれば，それはかならず項目Ａのほうが項目Ｂよりも項目として容易だったことを表す。また，10項目からなる大問Ｉの平均得点が6.3で，15項目からなる大問IIの平均得点が9.2であれば，6.3/10＝0.63と9.2/15＝0.61を比べることで，大問Ｉのほうが全体に容易だったことがわかる。配点が項目ごとに異なると，項目Ａの平均得点が2.1で項目Ｂの平均得点が1.5でも，どちらの項目が難しかったのか，これだけの情報では不明である。項目Ａは配点４で項目Ｂが配点２ならば項目Ｂのほうが易しかったし，項目Ａの配点が３で，項目Ｂの配点が５でこの結果なら項目Ａのほうが易しかったことになる。

3-8　そもそもなぜ配点を変えるのか

通常，配点はその項目に正答するのに要求される知識，技能の難しさ，あるいは複雑さによって決定されていると思われる。例えば単一の語彙に関する項目は１点，単一の表現に関する項目は

2点，1つのパラグラフ全体の読み取りに関わる項目は4点，という具合である。この発想は，「同じ正答（○）でも，より難しい項目から得た正答は，より易しい項目から得た正答よりも価値がある」という考えから来ると言えよう。ディスコースの読解で得た正答は，単一の語彙に関する項目で得た正答よりも価値がある，ということである。しかし，この考えは妥当か？

例えば50項目のテストを2人の学習者が受けた結果，2人とも正答数が30で同じであった。30の正答の内訳を調べてみると，受験者Aは受験者Bよりも，比較的難しい項目の正答が多かったとする。この場合，受験者Aのほうが英語力が高いと解釈するのは妥当か？ 妥当とはいえない。

受験者Aは受験者Bよりも難しい項目の正答が多いということは，裏を返せば，受験者Aは受験者Bに比べて易しい項目の誤答が多い，ということである（正答数が同じなのであるから）。易しい項目により高い頻度で誤答する受験者のほうがより英語力が高いと解釈することはおかしい。

テストの信頼性（内的一貫性）が高ければ，そもそもこのようなことは起こらない。内的一貫性が高いとは，例えば次のような性質をテスト得点が持つ，ということであった。

- 難しい項目に正答した受験者は，より易しい項目にも正答する傾向がある。
- 易しい項目に誤答する受験者は，より難しい項目にも誤答する傾向がある。
- 能力の高い受験者に誤答された項目は，より能力の低い受験者にも誤答される傾向がある。
- 能力の低い受験者に正答された項目は，より能力の高い受験者にも正答される傾向がある。

つまり，内的一貫性が高いテスト得点では，正答数が等しい複数の受験者は，どの項目に正答しどの項目に誤答したか，というパタンが（ぴったり同一になることはあり得ないが）ほぼ類似しているはずなのである。そして，正答数が異なる複数の受験者を比べてみると，正答数が多いほどより難しい項目における正答が多く，正答数が少ないほど，より易しい項目における誤答が多くなるはずである。例えば，50項目のテストで45項目に正答した受験者は，40項目に正答した受験者より5項目ぶん「より難しい」項目に正答した数が多く，40項目に正答した受験者は，35項目に正答した受験者より，5項目ぶん「より難しい」項目に正答した数が多い。よって，わざわざ難易度によって配点を変えなくとも，正答数がすべてを語るのである[2]。

よって，項目の難易度によって配点を変える，つまり正答の価値を変える必要はないことが分かる。

別の角度から議論するなら，どうしても他より配点を小さくしたくなってしまう項目というのは，おそらく出題すべきでない項目なのだ。たった1つの語の知識，たった1つの語の発音などの，細切れの知識を問うているからそのような意識が生まれるのである。重要度においてほぼ等しく思われるように項目を設定する必要がある。断片的な知識など問う必要はない。逆に，関わる技能，操作が大掛かりすぎるためどうしても配点を高くしたくなる項目は，それに含まれる操作を細分化して複数の項目に分けることを考えるべきである。

2　これは，項目応答理論のラッシュモデルにおける The number correct is the sufficient statistic. という重要な定理である。

3-9　項目分析がしやすい

100点満点法であると，結果として，通常1つのコラムに記入する。あるいは，大問ごとに測定する能力が異なる，という意識がある場合には，稀に表4のように記録されることもあろう。

これに対して，正答得点システムの場合は，表5のような形で記録するのが通常である。

縦に受験者を配するのは表4と同様だが，コラムとしてひとつひとつの項目を設ける点が大きく異なる。1は正答を，0は誤答を表す。このように記録するとテストがひとつひとつの項目から成り立っていることがよくわかる。個々の受験者の正答，誤答の状況もひと目でわかるし，個々の項目の解答状況もよくわかる。

表4　100点満点法における得点データ（大問ごと）

	I（20点）	II（30点）	III（25点）	IV（25点）	総得点
受験者1	11	18	8	8	45
受験者2	10	15	20	22	67
受験者3	12	22	23	32	89
受験者4	20	29	25	25	99
受験者5	14	13	10	8	45
受験者6	13	8	0	1	22
受験者7	20	25	20	10	75
受験者8	16	29	24	23	92
受験者9	13	24	18	13	68
受験者10	15	25	25	22	87
受験者11	18	30	23	23	94
平均値	14.7	21.6	17.8	17.0	71.2

表5　正答数法における得点データ

	項目1	項目2	項目3	項目4	項目5	項目6	項目7	正答数
受験者1	1	1	1	1	0	1	1	6
受験者2	1	1	1	1	1	1	1	7
受験者3	0	1	0	1	0	0	0	2
受験者4	1	1	1	1	0	0	1	5
受験者5	1	1	1	1	0	0	1	5
受験者6	1	1	0	0	0	0	1	3
受験者7	1	1	0	1	0	1	1	5
受験者8	0	0	0	0	0	0	1	1
受験者9	0	1	0	1	0	1	1	4
受験者10	0	1	0	1	0	0	1	3
受験者11	1	1	0	0	0	1	1	4
正答率	0.636	0.909	0.364	0.727	0.091	0.455	0.909	

3-10　部分点を認める場合

これまでの議論は，解答がすべて正か誤の**2値法**（dichotomy）で採点されるという前提で進めてきた。値が2つなので，誤りの場合0，正答の場合を1としたわけであるが，記述式項目の場合には不完全ながら正しい応答（partially correct response）に対していわゆる**部分点**（partial credit）を与えたい場合がある。そのような場合は，そのような項目に対してのみ，0/1/2，0/1/2/3/4などの，**多値的**（polytomous）採点を行えばよい。確認しておくと，0/1/2とは，誤りに0，完全な正解に2，その間の不完全に正しい答えに1を与える3段階の採点方法であり，0/1/2/3/4は誤りに0，完全な正解に4，その間の不完全な解答に段階を3つ設定し，合計5段階の採点方法である。記述式で英文を書かせる，等の場合に適しているであろう。

一見，従来の１つの「英作文」に12点を「配点」し，３点，６点，９点，を部分点として与える採点法と同じに思われるかもしれないが，重要な点で異なる。それは，0／1／2／3／4という５段階方式には，０と１の間や，２と３の間には段階がないのに対し，0／3／6／9／12というシステムは，どうしても３と６の間に４や５，９と12の間に10や11を設定したくなる，という点である。それを進めてゆくと，最後には0／1／2／3／4／5／6／7／8／9／10/11/12という13種類のすべての点がつく可能性が出てくる。一見精密に採点していてよさそうだが，果たしてそうだろうか。

点数というのは，問題となっている「もの」（構成概念）の程度や量の反映である。例えば１つの「英作文」の答えとして13種類の点数をつけるということは，その英作文の答えの質として13段階が区別できる，ということと同義である。11点の答案と10点の答案が存在すれば，11点の答案のほうが，10点の答案よりも優れていなければならない。そしてその判断は採点者が変わっても当然変わらないものでなくてはならない。我々は，１つの英文を安定的に，信頼性を保って，13段階もの多くのレベルに細分化して評価できる段階にきているだろうか。通常の状況で採点に費やせる時間と労力では，せいぜい５段階が安定して区別できる限界ではないだろうか。表面的に13種類の点数をつけることで「より精密な測定をしている」と考えるのは多くの場合自己満足にすぎず，大変危険である。

このような理由で，「点数を与えている」という意識を持ちやすい「12点満点で部分点を出す」という方式よりも，「段階を判定している」という意識をもちやすい「段階が１つ上がるごとに対応する数値も１増加する」ような方式のほうが優れている。

3-11 まとめ

(1)部分点を出さず，正か誤かで評価する項目は，選択式，記述式を問わず，すべて配点を1（あるいは同一）にし，(2)部分点を出す項目のみ，0/1/2などの多値的得点を与える，という方式を採用することが本書の提言4である。

4 提言5

授業内容に基づく定期テスト等のachievement testと，実力テストもしくは入学試験等のproficiency testは全く別のものであることを認識し，それに応じた問題形式にせよ。

4-1 認識の大切さ

ある講習会でテスト問題作成のワークショップを実施した際，受講者に事前に英文パッセージを指定し，それをテスト問題化してくる，という宿題を出したことがある。当日自作テスト問題を持参してきた受講者に筆者がはじめにした質問は，「このテストはこの題材を授業で扱ったという前提で作っていますか，扱っていない（初見だ）という前提で作っていますか？」というものだった。そのとき1人の受講者からは「どちらとも特に考えていません。単純にテスト問題として作りました。」という答えが返ってきた。

英文素材が未習か既習かということは，テストを作成する場合に最初に確認しなければならない根本的な区別である。もちろん定期テストも，実力テストあるいは入試も，英語のテストであるという点は共通である。しかし，この2つには大きな違いがある。

それは，定期テストの材料となる英文題材は基本的に授業中に扱われている，ということだ。すなわち，受験者は，それらの英文題材について，レベルの差はあれ基本的には意味の把握は終わっている。もちろん生徒によってはそれほど深くは把握していない者もいるだろう。しかしそのレッスンの英文のトピックが何で，おおよそどんな内容が書いてあったか，について覚えていない者はほとんどいないといってよいだろうし，多くの者はもしかすると「日本語の全訳」の形で詳細までも記憶しているかもしれない。

定期テストにどのような問題を出すかを考えるときに，このことはきわめて重要な点である。この定期テスト特有の状況によって，単なる熟達度テストにおいては望ましいテスト形式が定期テストでは望ましくない，あるいは逆に熟達度テストでは望ましくないテスト形式が定期テストでは望ましい，ということが起こるのである。

4-2 定期テストでは無意味な形式

●その1

提言1の中で，「次の文章の主題（あるいは要約）を日本語で書きなさい」という形式の問題は，英文和訳よりは罪は小さいが長い目でみれば廃止するべきだ，と述べた。長い目でみれば望ましくないというのが本書の主張だが，「短い目」でみれば，つまり英文を読んでその意味が理解できるかどうかをある程度つかむことはできる，という意味では妥当な形式である。しかし，定期テストで試験範囲の文章を使ってこの形式の問題を出題するのは全く無意味である。

試験範囲であるということは，授業で扱ったということである。

授業で扱ったということは，内容理解は何らかの形で終わっているということである。ある者は英語自体に目をむけ，形式と意味の対応もよく把握しているかもしれないし，ある者は，英語自体が実は最後までよくわかっていないが，クラスメートが答えた，あるいは教師が言った模範解答（模範訳）を聞いて，内容自体は日本語で記憶しているかもしれない。その状態で内容を日本語で書かせても，その場に書いてある英文をプロセスできるようになっている生徒も，実は英文はまだ十分プロセスできないのだが内容自体は記憶に残っている生徒も同じような答案を書くことが可能であり，結果的に何も測定していないことになる。

●その2

日本語で書かせるほどひどくはないが，いかがなものかとやはり首をかしげたくなるのが，教科書の一節を示した上でその内容について多肢選択形式（通常，リード文も選択肢も英語である）で問うものである。繰り返しになるが，テストを受ける生徒は授業を通じてもうその英文の processing は終わっているのである。そして，その内容は何らかの形で記憶に残っている。それに対して，英語で質問し，それに対する正答を選ばせる，あるいは英語のリードを与え，それを完成するに適した部分を選ばせる，という形式は，その質問（あるいはリード）の英語と，選択肢の英語が process できるかどうかを測定する以上の意味はない。

4-3 定期テストの第一義は測定ではない

しかし，問題形式を云々する以前に，そもそも定期テストは熟達度テストと状況や目的が全く異なるのではないか。

●弁別は不要

実力テストや入学試験の目的は，英語力を分析的に調べるためなのか能力のある者を選別するためなのか，という用途は異なるにしても，そのための第１段階としての「受験者の英語力の精密な測定」が第一であろう。精密に測定するためには受験者間の能力の個人差を可能な限り顕在化する必要がある。２人の受験者の能力があらゆる点で全く等しいことは極めてまれである。事実上ほとんど差はないと思われる受験者でも，細かく分析をすれば，どこかに微細な差は出てくるであろう。受験者を選別するためには，テストは受験者能力を弁別し，同得点者が可能な限りいなくなるような分布を追及しなければならない。

これに対して定期テストは受験者能力の弁別を目指す必要は全くない。それどころか過去２〜３ヶ月で扱った授業内容を担当生徒全員が身につけて，全員が満点であるということが仮にあったとしたら，それは理想的な状態である。満点という最高得点は測定論的には１つの失敗である。その受験者の能力はそれより高いことは分かっても，それよりどれだけ高いのかは不明だからだ。しかし定期テストの場合はそれでもよいのである。「それより高い」の「それ」が，「達成されるべき知識・技能のレベル」と考えられる場合には。

●すでに能力はわかっている

実力試験や入学試験の場合，テスターはほとんどの場合受験者個人個人と面識はない。このような，いわば「顔の見えない」**熟達度テスト**の状況と異なり，定期テストの「受験者」は，普段授業で教えている生徒，学生である。授業中の応答，小テスト，提出物の質等によってかなりの程度，個々の学生のその時点での相対的能力は判明しているはずである。(判明していないとすれば，授業に問題がある。）また，絶対的能力としては全員，「まだまだ不足している」ことが判明している。力がまだ不足だから授業を受けているのである。力が十分なら英語の授業など受けなくても良いはずである。要するにポイントは，定期テストをするまでもなく，生徒・学生の能力は判明しているということだ。したがって「能力の測定」は第一義ではない。

●固定的にとらえても無意味

また定期テストは読んで字のごとく定期的に行われる。3学期制の学校なら中間・期末合わせて１年に５回，３年に15回も実施される。その間，生徒・学生の英語力のレベル（知っていること，できることのレベル）は変化し続ける（通常は向上し続ける）。中間テストが終わり，また授業が再開されて１週間もたてば，新しい知識が導入され，新しい技能が習得され，先の中間テスト時の能力レベルはすでに過去のものとなる。したがって，１回１回の定期テストの結果が示す生徒・学生の能力／パフォーマンスは単なる一通過点にすぎない。常に変化するものの一通過点での位置の測定に大きなエネルギーを使っても意味がない。

●教師の役割は測定ではない

定期テストの作成者はテスターであると同時に（というより，その前に）教師であるはずだ。定期テスト作成者が，外部から連れてこられたテスト専門家で，生徒・学生たちのその時点での能力をできるかぎり精密に見つけ出すことが使命なのであれば，受験者の能力を客観的に測定できればめでたし，めでたしである。その意味でそのような外部テスターは科学者として受験者を客体視し，「～の観察」よろしくあれこれ検査をすればよい。

しかし教師の仕事は生徒・学生の能力を見極められたとしても

ハッピーエンドにならない。「この生徒は学力がないという結果が判明した。これは信頼性と妥当性のあるテストの結果なので自信を持って断言できる」といって澄ましているのでは教師失格であろう。教師の役目は一にも二にも，自分の担当している生徒・学生の力をつけることである。当世流行の表現を使うなら，「学習を支援すること」である。よって定期テスト作成者である教師は，受験者たる生徒・学生を測定対象として客体視していてはならない。彼(女)らの英語能力は教師自らの授業の産物なのだから。定期テストを作成する教師は，受験者である生徒・学生にとって第三者であってはいけない。いわば「第二者」でなければならない。第二者は，定期テストという道具によって生徒学生の中に入り込んで，彼(女)らの能力伸長を測るのがその最大の任務である。

4-4　定期テストは授業である

定期テストの目的が測定でないとすればそれは何か。それは「受験者である生徒学生の能力の伸長」に他ならない。能力の伸長が目的であれば，それは授業と同じである。つまり定期テストは形を変えた授業，というより授業の１つの形態なのだ。

内容的妥当性の項で，「ティーチング・ポイントとテスティング・ポイントは一致していなければならない」と書いた。一致しているなら，授業中の活動とテスト中の活動は基本的に同じはずである。授業はすなわちテストであり，テストはすなわち授業であっても何ら不思議はない。

１年間同じ生徒・学生を教えるなら通常，大学なら２回，中学高校なら５回の定期テストがある。その場合彼(女)らの英語力を伸ばそうという担当教師の努力は，年度最初の授業から学年末試験が終了するその瞬間まで続かねばならない（成績不良者対象に

「再試」を実施するなら，その再試が終了するまでである)。幸運にして同じ生徒・学生を続けて2年間，あるいは3年間担当する機会に恵まれたなら，その生徒と出会った最初の授業から，その生徒・学生を「手離す」最後のテストが終了する瞬間までが，教師として彼(女)らの能力伸長のために渾身の努力を続ける義務期間である。約半年の1セメスターのみ同一の学生と関わる大学教師であれば，最初の授業のベルが鳴った瞬間から，半年後の学期末試験の終了のベルが鳴り終わるまでが責任担当期間である。

その責任担当期間に教師が行う活動は，テストの作成実施を含めて，すべて学生の能力伸長を目的とするものである。テストが授業であるなら，なぜ通常授業をずっと実施するのでなく，わざわざ「定期テスト」という大掛かりなイベントを持つのか。それはそうしたほうが，学習効果があがるからに他ならない。1年間通常の授業だけをやっていたのでは，教師も生徒もだらけてしまうので，ところどころ節目として，テストという形の授業を行うのだ。(最近，特に大学等で，定期テストに代えて通常の授業内の記録のみで評価をつけようとする動きがある。いわゆる試験勉強だけしかせず通常の授業をおろそかにする学生に，普段のパフォーマンスを重視させようというのである。日常評価を重視することには筆者も大賛成で，現に今も全体の7割程度は授業内の活動，提出物などによって決まるシステムを取っている。学生は毎回の授業のすべての発言が評価/記録されるので，気を抜いている暇がない(「授業はすなわちテスト」)。)

しかし，だからといって定期試験を廃止したほうがよいとは全く思わない。やはり定期試験のように「改まった」試験の存在から学生の受けるプレッシャーは間違いなく違う。そのプレッシャーを利用し，教師の思い通りの試験準備を行うように学生を誘導することで，結果的に彼(女)らの能力を伸長する(「テストはすなわち授業」）のが最善の道である。

4-5 できる限り事前に公開せよ

定期テストは学習者の能力伸長のために行うのであるから，学習者がそのテストに対する準備をする過程で英語力が伸長するようでなければならない。そのためには，どのような準備をすればよいか知らせるために，テスト内容を可能な限り事前に受験者である生徒・学生に公表する必要がある。

> 例１「レッスン６については第１～第４パラグラフを空所補充で出題するから，どこが空所になっても大丈夫なようによく読んできなさい。」

このような予告を受ければ生徒・学生はレッスン６の第１～第４パラグラフは意味と形式の一致をもう１度確認しながら何度も読むだろう。中には丸ごと暗記しようとするものもいるだろう。それはそれでよいではないか。暗記すればそれだけ基礎力がつくのだから。

> 例２「レッスン７については全体の中から名詞を選んで空所補充で出題するから，名詞を重点的にチェックしてきなさい。選択肢はないから自分で書けるようにしなさい。」

こう予告すれば，生徒・学生は当然名詞をチェックし，かつ綴りを書く練習をしてくるだろう。その過程で重要名詞の意味と綴りを覚えるだろう。「名詞」を「前置詞」にすればそちらに注意を向けることができるし,「接続詞」にしても同様である。ポイントは,このような予告によって,教師の考える方向に注意を向けさせることが可能だ,という点である。

例3（教科書の中の具体的な文を複数指定した上で）「これらの文は,内容を自分の英語で説明する形式で出題するから,あらかじめ準備しておきなさい。」

提言1で紹介した,英文英説明形式である。もちろん同様の練習を授業中も行っているという前提である。理想はもちろんこのような予告がなくとも,教科書で既習題材のどの部分でも自分の英語で説明できるようになることである。しかし,そこに至るまでのステップとして,このように範囲を区切り,練習させることが有効である（範囲として,特定のパラグラフを指定しておくこともできる）。こうすれば,下位の生徒でもそれなりに準備することができる。クラスメートと共同で同じ解答を作る場合もあるが,それはそれでよいではないか。その作業によって少しでも理解が進み,表現力がつけばよろしい。

「これでいいかどうか見てください」と準備した解答を持って来る生徒もいるが,筆者の場合,高校生以上であれば通常「問題を明かしているのだから,解答自体は明かさないよ。だからいいとも悪いともいえない。さらに友達と協力して確認してみなさい。」と答えるだろう。中学生以下および高校生以上でも極端に学力の弱い生徒がやってきた場合はコーチするかもしれないが。

例4（構造が複雑な文を複数選んで指定した上で）「これら

の文は，並べ替え問題として出題するから，特に語順に注意して読み込んできなさい。」

例５（全体構成の認識が重要であるパラグラフを指定した上で）「このパラグラフは，文を単位とした並べ替え問題として出題するから，もういちど論理展開を確認しておきなさい。」

このようにして，注意を払うべきポイントをコントロールし，授業中に一応理解習得した事項の定着をさらに強化することができる。

例６（教科書の題材の内容のポイントに関わるようなテーマを複数示したうえで）「これらのテーマは，それぞれを50語の英語で表現する形式で出題するから，あらかじめ準備しておきなさい。」

このように，教科書題材の内容を自分の英語で要約する活動は授業のルーティーンの１つであるべきである。もちろん，要約ではなく，内容に対する自分の意見を書く課題も大切である。どちらの場合も，このようにあらかじめ書くことになる内容を予告してやることにより，事前に原稿を用意させること自体が目的である。原稿を準備する過程で，書く練習を行うことになり，その分，ライティングの技能が伸長するはずだ。

4-6 「予想問題」の公開も

上で提案しているのは，主に口頭でテスト内容の予告をする，という程度であるが，さらに実際に出題するものに限りなく近いものを印刷し，「予想問題」と称して全員に配布するオプションもある。筆者は高校および高専で教鞭をとっていた頃は，ずっとこれを実施していた。試してみればすぐわかるが，全体に動機付けの弱い集団に対して，これは大変有効な方法である。どれほど英語（の授業）に対してやる気がなくとも，「明日のテストではこれが出るから勉強せよ」と言われれば，かなりの生徒・学生はそれだけでもやるものだ。放っておけば何も勉強しない生徒・学生が，それだけはやるのだから大きな進歩である。

「しかし，そのようなことをすれば，やる気のある生徒までそれしか勉強しなくなってしまうのではないか？」という懸念を覚える読者もいよう。そうとも限らないが，そういう場合もある。そしてそれでも構わない。問題を事前に配ってしまえばそれしか勉強しなくなるのであるから，それしか勉強しなくともよいような質と量の問題を作ればよいのである。これこそ，生徒の学習する内容，方向を教師が良いと考える方向に導くための，最も強力な方法だ。

具体的には実際のテストよりも項目数を増やしたものを配布すると良い。これはそのためにわざわざ作るというよりも，まだ取捨選択をする前の段階で，最も分量が多くなっている状態のものをそのままプリントアウト，印刷すると手軽である。「今テスト問題作成中で，現在のところこのような問題になっているので，参考までに配布しておく」という感覚でよろしい。また，準備する際に，単に機械的に答の記号を丸暗記するといった，無駄な努力を誘発しないためには，一工夫しておく必要がある。例えば，

- 実際の試験では採点の実用性を考えて選択肢を与えるが，予想問題の中では波及効果を考えて，選択肢を削除しておき自分で補充する問題にしておく。
- 実際の試験では時間的かつ採点の実用性を考えて，ライティング問題を２題のみ出題するが，予想問題の中では５題出題しておき，５題全部の準備をさせる。

等のテクニークがある。

4-7 まとめ

定期テストは受験者の能力を調査するために行うのではなく，そのために準備させることによって能力を伸長させるために行うべきである。よってそれに応じた問題形式にし，かつ問題内容を積極的に事前公開することにより，望ましい学習を引き出すべきものである。

3 小テストの作成

本章では，第2章の5つの提言が具体的に小テストにどのように反映されるべきかを論じ，具体例を提示する。

1 目的とプライオリティ

1-1 目的

小テストの目的としては次のようなものが考えられる。

(1) 授業前学習状況のチェック
(2) 授業前学習の促進
(3) 授業の円滑な開始
(4) 授業内学習状況のチェック
(5) 授業内学習の促進
(6) 授業局面の多様化
(7) 授業終了時の到達点のチェック

(1) 授業前学習状況のチェック

いわゆる予習状況のチェックである。高校以上の場合，主にその日に扱う題材に出てくる新出語に当たり，何らかの方法で意味を推測あるいは確認しているかどうかをチェックする，というのがこれにあたる。大多数の生徒が予習をしてきていればそれでよし。予習をしてきていない生徒に対する働きかけを考える。予習をしてきている者が少なければ，どのようにすべきかを考える。

しかし，採点の方法とも関係するが，その日に実施した小テストの結果を受けて，その日のその後の授業方法を調整することは現実的でない。チェックして「ほとんど予習していない」ことが判明した。さてそれで？と考えると，このチェック目的の重要性は疑問である。

⑵ 授業前学習の促進

小テストがある，と事前に認識させることにより，授業前の学習を促進させる，という目的である。頻繁に行う小テストでは，こちらの目的を優先させるべきであろう。そして大切なことは，促進したい学習形態によって（のみ）高得点を挙げることが可能なテスト内容と形式で行う，ということである。

⑶ 授業の円滑な開始

これは例えば，授業を必ず定刻に（すなわちチャイムが鳴り終わると同時に）開始する，という授業運営上の目標がある場合，そのための手段として小テストを行う，という場合である。あるいは大学等で，大教室のため，あるいは席がランダムなため，ひと目で個々の出欠が確認できないので何らかの手段で出席を示すものを提出させる必要があるような状況で，小テストを実施することで同時に出席調査を兼ねる，というような目標がある場合である。

最初にあげた目標を達成するためには，チャイムと同時に開始される小テストを実施することに勝るものはない。定刻に来ることの重要性を言葉で何度説明するよりもよほど効果がある。

⑷ 授業内学習状況のチェック

主に授業の途中で行う小テストに，その日の授業中の学習程度を測定するという目的を持たせる場合である。「たった今説明した事項をどれだけ理解したか？」，「たった今設定したタスクにどれだけ真剣に取り組んだか？」，「寝ないで授業に参加していたか？」という疑問に答えるためのテストといえる。例えばその日に「仮定法過去」を導入し，過去形を用いた条件文 “In my high school, if students were late for class, they had to make speeches in English.” との違いを詳しく説明する，というのが1つのポイントである授業の最中に，If 節の中に過去形が用いられている別の文を示して「これは仮定法の文か，あるいは単なる条件文か」というようなことを問う，などがこれにあたる。しかしそのような目的ならば，単に口頭で質問をして挙手させるだけでも，かなりの程度全体の理解状況は確認できるので，あえて「小テスト」という形をとる必要があるかどうか疑問である。

⑸ 授業内学習の促進

今なされている説明の内容について15分後にテストがある，あるいは今行っているペアワークのタスクと同じものが10分後にテストとして課される，と意識していれば，意識していない場合に比べて，その説明を理解しようとする態度，ペアワークに対する姿勢が格段に違ってくる。このような「テスト」のもつ学習促進機能をねらって実施する場合である。この場合，テストのターゲットとなるタスクを行っている時点から，生徒にテストがあることを意識させておくことが不可欠なので，タスクの後にテストがあることを予告しておくことが不可欠となる。

(6) 授業局面の多様化

授業の流れ(procedure)のなかのバリエーションとして，小テストを利用することで授業にメリハリを持たせるというものである。英語の授業には大きく分けて次のような局面がある：

- 教師が説明していて学生は黙って聞いている局面
- 教師が発問し，個々の学生がそれに答えている局面
- 学生同士が何らかの言語活動を行っている局面

どの局面も大切でそれなりに意味はあるのだが，あまり長く(例えば15分を超えて) 続くと学生が飽きてしまうことが多い。その意味で原則10～15分間隔で局面をチェンジすることが，テンポよく授業を進めるためのポイントになる。そのときに使える局面の１つとして「教師がテストとして発問し，学生はそれに答えている局面」があると大変効果がある。そのような目的でなされる小テスト，という意味である。

(7) 授業終了時の到達点のチェック

授業終了時に，その日扱った事項を含んだ問題を出し，その理解度，定着度を調査するために行う場合である。こう書いたものの，実は筆者にはこのような目的で行われる小テストというものが今ひとつ納得がゆかない。１つは，小テストでどこまで正確に調査できるのか，という点に疑問がわく。小テストであるから数分程度で実施できる必要があり，あまり項目数は増やせないので，たいした調査はできない。また，１時間ごとの熟達度上の到達点はそれほど変化しないもので，それをチェックしようという試み自体にも疑問を感じる。また「定着度」であるが，これはテスト

をしなくてもほぼ分かっているのではないだろうか。つまり，通常，多くの（many）生徒にとっては（まだ）定着していないはずである。いかなる項目でも，何度か教師が説明した程度では定着などしないと思っていたほうがよい。それを繰り返しさまざまな活動を通じて徐々に定着させていくのが授業という長く地道な営みなのだ。

1-2　プライオリティ

以上の記述からすでに明らかなように，筆者の考えは，小テストでは授業内あるいは授業外（前あるいは後）の学習を促進することが最も大切だ，というものである。そのためには，小テストはできる限り頻繁に実施でき，かつ採点処理を含めて実施自体にかかる時間は少なければ少ないほどよい。つまり，小テストで重視するべきものは波及効果と実用性だということになる。

できるだけ簡便に実施できるためには，事前の準備も事後の採点も最低限の労力でできるものが望ましい。準備についていえば，そのために特別のプリントを用意しなければならないようなものでは，テストの実施は長続きしないし，その頻度も落ちる。よって以下では，単なるブランクペーパーを持っていけば実施可能なもののみを検討する。また採点も，終了後直ちに生徒同士で交換させてお互いに採点させるのが，教師の手間を省くというだけでなく，本人が正解をすぐに確認できるという点でもベストである。よって，あまり複雑な採点が必要となる形式も除外する。

信頼性に関しては，小テストではそれほど神経質になる必要はないと考える。１つには，もともと小テストは精度の高い測定を目指すものではない。また，ほとんど授業毎に実施するものであるから，一回一回のテストの結果は信頼性が低くとも，何度も繰り返した結果の積み重ね（平均，合計）スコアは信頼性が高い。(信頼性を高めるための１番の手段として，項目数を増やすことがあったのを思い出していただきたい。何度も小テストを行うことは，項目数の多いテストを一回行うのにcomparableである。)

したがって，小テストでのプライオリティを３段階にまとめると次のようになる。

小テストのプライオリティ

信頼性	★☆☆
妥当性	★★☆
波及効果	★★★
実用性	★★☆

2 テストに利用できる単語の５属性

生徒はテストのために勉強する。よってテストは，教師の目から見て望ましい学習を生徒が行った場合に，最高の結果が得られるような内容および形式であるべきである。小テストではターゲットになるのが単語であることが最も多いだろう。単語をテストの対象とする場合には，次のような５つの属性が考えられる。

(1) 綴り
(2) 発音
(3) 訳語（日本語相当語）
(4) 定義（英語による定義，説明）
(5) 文脈（例文あるいはコロケーション）

テストでは，このうちのどれかをテスターである教師が**刺激**(stimulus）として与え，テスティーである生徒は他の属性のどれかを**反応**（response）として求められることになる。ここでは主に小テストを想定しているので，テスターが与える刺激は，口頭のことも，板書して示すことも，または紙に印刷して示すこともあるだろうが，テスティーの反応は，原則として小テスト用紙に書くという方法でなされるものとする。口頭で反応させる方法では，（ＬＬでも使わない限りは）個別に順番に行うことになり，数十分から１時間かかることになるので，それはもはや小テストとは呼べない，というのがその理由である。

●「発音を書かせる」ということ

綴り，訳語，定義，文脈を書かせるというのはすぐ理解されると思うが，「発音を書かせる」とはどういうことかという疑問がわくかもしれない。もちろん発音記号（国際音標文字）を書かせることも理論上は可能だが教育的には不必要だと思うので，筆者の想定は「カタカナ」プラス「アクセント記号」である。

つい最近の授業でも，“label”という語を小テストで扱った。大学生になっても圧倒的に「ラベル」と発音する学生が多いので注意を喚起するためだったが，果たして最初を「ラ」で始めなかった者は40人中２人だけだった。この場合は正解を「レイボー」と書いたが，採点基準としては，とにかく最初が「レー」もしくは「レイ」になっていればマルとした。(長母音か二重母音かはレベルの高い，言い換えれば実用上はどうでもよろしい，問題である。)

その通り。これは紛れもなく「紙と鉛筆による発音テスト」である。そのようなテストについて第１章の妥当性の項で何度か批判的な記述があったのを覚えている読者は訝っているかもしれない。しかし考えていただきたい。第1章で問題にした「紙と鉛筆による発音テスト」とは，「下線部の発音の異同を問う」という形式であった。異同のみを問うているので，中身が全く間違っていても結果として正解を得ることも可能である。例えば，

次の語と下線部の発音が異なるものを選べ。 soc<u>i</u>ety ア　pol<u>i</u>te　　イ　conc<u>i</u>se　　ウ　ind<u>i</u>ct　　エ　forg<u>i</u>ve

という問題で，当然エが答えなのだが，仮に受験者がこれらの語の発音を，「ソシエティ」，「ポリット」，「コンシース」，「インディクト」，「フォージャイブ」だと思っていたとしても forgive を選び，表面的には正解となってしまう。ところが，

society の発音をカタカナで書き，最も強く発音する部分の上にアクセント記号をつけよ。

という問題であれば，「ソシエティ」だと思っている受験者と，「ソサイエティ」あるいは「ソサイアティ」だと思っている受験者は明らかに弁別されることになる。（この場合，ソサイエティがよいかソサイアティが良いか，はたまたスサイウティが良いのか，は当面の目的には関係のない瑣末な問題である。）

つまり，発音を「直接書かせる」という形式は，「実際に発音させる」形式とは比べ物にならないもの，紙と鉛筆を用いるという制約で実施するものとして，「同じ／違う発音のものを選ばせる」という形式よりも，はるかに「直接的」で，妥当性が高いのである。

もちろん授業中には本物の英語の音そのものをきちんと提示し，

発音・音読練習を重視している，という前提にたっての話である。その上で，小テストでこのような形式を取り入れてみると，生徒・学生の意識がさらに発音に向かうのが本当に目に見えて（あるいは「耳に聞こえて」）わかるのだ。論より証拠。読者も試してみれば必ず納得するだろう。話が発音テストに深入りしてしまったが，ともかく筆者の考える「発音を書かせる」とはそういう意味である。

● 5つの属性の図示

これらの5つの属性を使って，小テストの形式を図示することを考えよう。例えば，もっとも普通に見られる「教師が訳語を言って生徒がその英単語を書く」という形式は，刺激が「訳語」で，反応が「綴り」である。これを図1のように図示することにする。

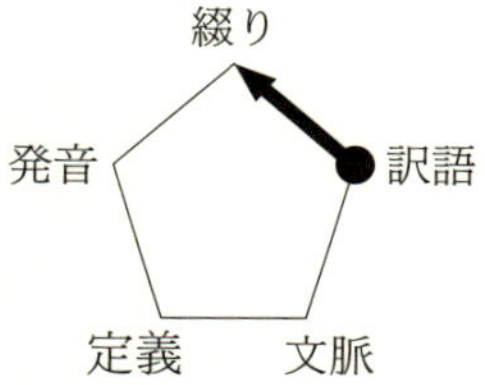

図1　訳語を入って綴りを書かせる場合の図示

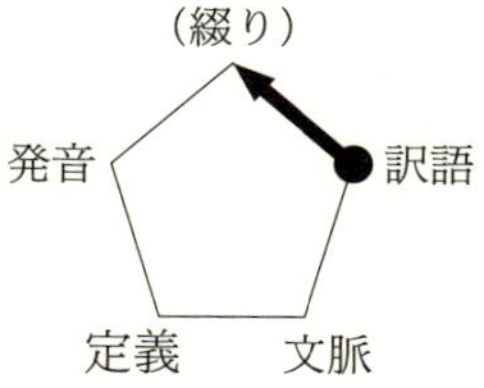

図2　ヒントを与える場合

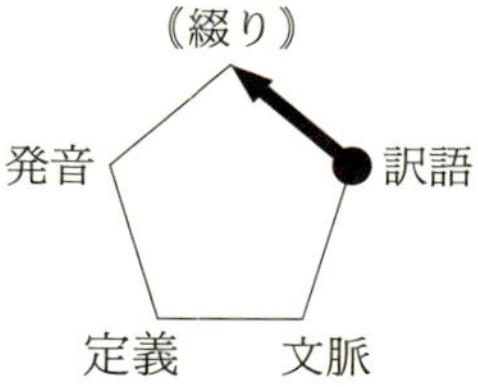

図3　選択肢を与える場合

つまり教師の与える刺激を起点とし，生徒の反応を終点とした矢印で示している。あるいは，同様に教師が訳語を与え，生徒が綴りを答えるのだが，語頭の文字など，ある程度のヒントを与える場合もあるかもしれない。この場合，反応である属性を（　）に囲んで示すことにする（図２）。さらに，答えをすべて選択肢として与えておいて生徒はその中から選んで書き写す場合もあるかもしれない。この場合は二重カッコ《　》で囲んで示すことにする（図３）。

このように五角形で示すと，潜在的にはどの角（属性）も起点（刺激）になりうるし，別のどの角も終点（反応）になり得ることを明確に分かる。例えば，小テストとしては通常行われないと思うが，仮に教師が英単語を発音し，それを聞いた生徒がその語が使われる英文を考えて書く，などというテストがあったとすれば，図４のように図示できる。

理論上はこれらの属性のあらゆる組み合わせがテストになりうる（いくつか考えてみていただきたい）。組み合せのすべてを示すことは無理であるし，また不必要なので，以下では通常行われていると思われる形式，通常行われていないようだが行ってみてはどうかと筆者が提案する形式をあげ，ひとつひとつ検討してみたい。

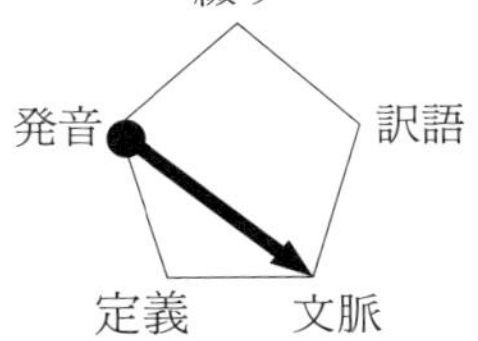

図４　教師が発音して生徒が例文を書く場合

3 発音を刺激とするパタン

【パタン1】

教師の刺激	生徒の反応
発音する	綴りを書く

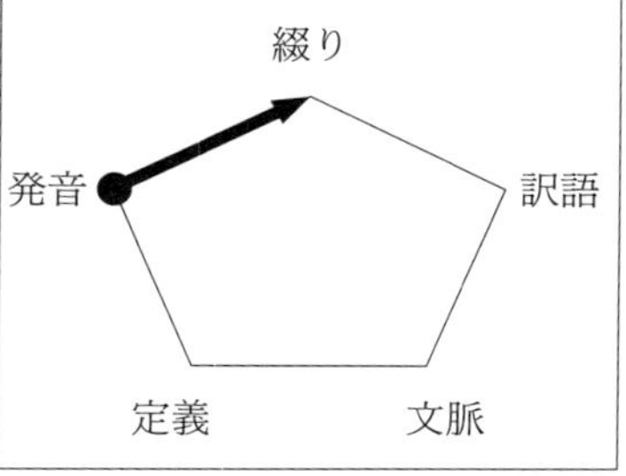

最も単純な「書き取り」である。予想される準備としては「発音を確認したうえで，綴りを何度も練習する」であろう。期待される効果は「発音に対する意識の向上。綴りに対する意識の向上」であろう。波及効果は悪くはないが，これだけでは意味に関わらない。

【パタン2】

教師の刺激	生徒の反応
発音する	訳語を書く

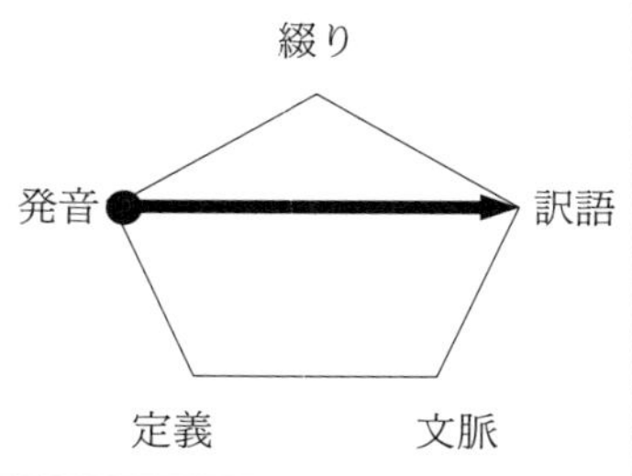

教師が発音した語の日本語訳だけを書く，という形式である。意味に注意を向ける効果はある。また下で触れるが，綴りを提示した上でそれに対応する日本語を書く，という形式よりは，刺激

が音声である分だましではある。

しかし，提言１で詳しく論じた理由で，たとえ小テストであっても反応として日本語を書かせるのはやめるべきである。例え１語であっても日本語の単語を英語の時間に書かせるというのは基本的にナンセンスであるという感覚を持とうではないか。

【パタン３】

教師の刺激	生徒の反応
発音する	綴りを書く 訳語を書く

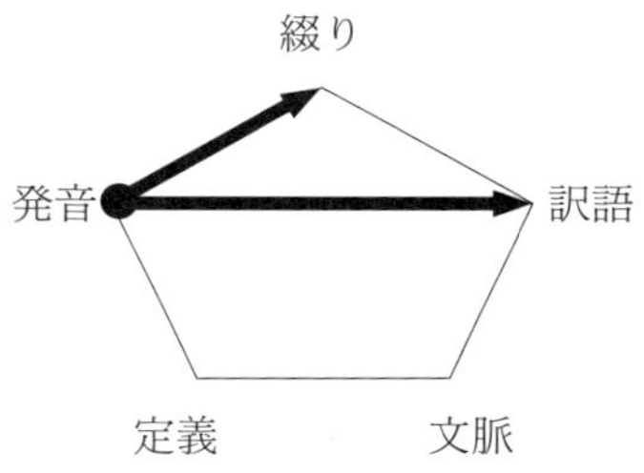

パタン１と２の合わせ技である。やはり訳語を書かせるのは感心しない。

4 訳語を刺激とするパタン

【パタン 4-a】

教師の刺激	生徒の反応
訳語を言う	綴りを書く

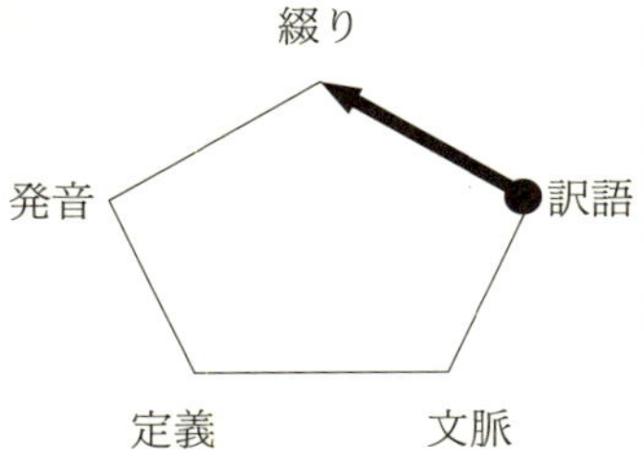

訳語を言って綴りを書かせるという，これもよくあるパタンである。一対一対の対応を前提にしているという限界はあるが，出題範囲が「当該時間の前後に扱った題材の中」と決まっている小テストとしては許容範囲であると考える。

また，現実に日本人として英語を使う（話す・書く）場合，かなりの程度熟達しても，発信すべき意味として脳裏に日本語の単語が思い浮かぶことが完全になくなることはないのではないかと想像する。

この原稿を書いているつい1週間前，アメリカ人の同僚と，大阪から京都までマウンテンバイクで行く道筋について話していた際に，「裏道」という日本語が脳裏に浮かんだ。その語にあたる英語を自分で使ったことはなかったが，とっさに“back road”と言ってしまった。意味は通じたようで，その場はそれで終わったのだが，後で気になって辞書で調べると，たまたまこれで問題ないようではあった。このanecdoteのポイントは，筆者の脳裏にまず「裏道」という日本語が浮かび，それに対応する英語を作った，という点である。

よって，このような日英の語レベルの翻訳はテスト問題としても，ある程度 authentic であると考えられる。

【パタン 4 - b】

教師の刺激	生徒の反応
訳語を言う 語頭の文字を言う	綴りを書く

パタン 4 - a の変種で，訳語に加えて語頭（あるいはそれに加えて語尾）の文字を言うことで，ヒントを出し，かつ解答範囲を限定するものである。

ヒントなしのパタン 4 - a とヒントありの 4 - b はどう使い分けるべきだろうか。ヒントなしのほうが（想定題材で使われている語以外を別解として認めなければ特に）難しいことは間違いない。そこで，「語頭の文字を言う」の部分を難易度調整として使うことができる。すなわち，まず訳語を言い，その瞬間の生徒の解答行動を見る。鉛筆が動かない生徒が，教師が望むより多いようであれば語頭の文字を言う。適当な数だと思えば，言わずに次の語に移る。というわけで，小テストであるから語頭文字のヒントの有無はそれほど rigid に考える必要はなく，状況に応じて，その単語ごとに与えたり，与えなかったり，という臨機応変でよろしい。そのクラスの中で不公平がなければよいわけであるから，目の前にいる生徒の顔色や反応を見て，interactive に決めるのがよい。

【パタン4-c】

教師の刺激	生徒の反応
語群を書く ランダムに訳語を言う	該当する語の綴りを書く

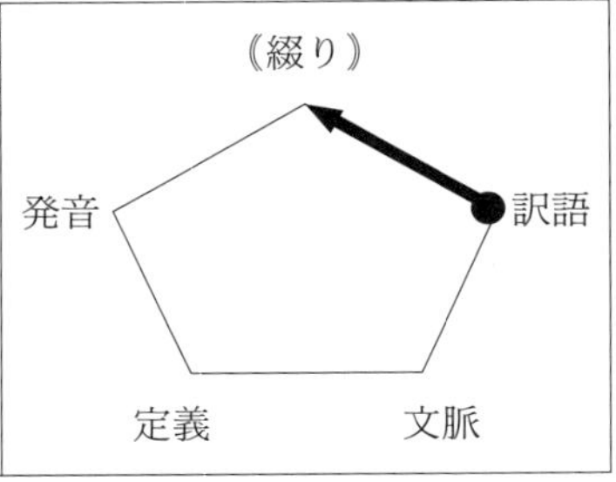

基本的にはパタン4-a，4-bと同じで，訳語に対応する英語の綴りを書く，というものである。ただし最初に黒板に適当な数（7～10語程度）の語を書き，その中から選び，訳語を言うので，生徒はその語群から選べるという点で難易度はかなり下がる。下がると言っても意味を全く覚えていなければ対応できないわけで，意味に注意を向けさせる効果はある。初学者やレベルの高くないクラス向けのオプションとして手持ちのパタンに加えておいて損はない。

【パタン5】

教師の刺激	生徒の反応
訳語を言う	綴りを書く アクセントの位置を書く and/or 発音を書く

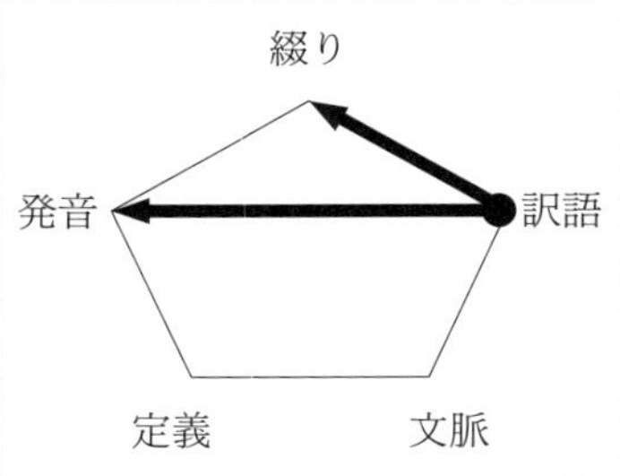

教師の言う訳語に対応する語の綴りを書き，その上でその語のアクセントの位置をアクセント記号で示す，あるいは（またはそ

れに加えて）発音をカタカナで書く，という形式である。

アクセント・発音のほうは，すべての語について求める必要は必ずしもない。単音節の語の場合，アクセントは不要であろう（しかし書かせても害はない）。アクセントを間違えている生徒が極めて多い語（例えば，separately, contribute, distribute, museum, musician, communicateなど）の場合に限って取り入れればよい。

同様に，発音をカタカナで書かせるほうも，th音や，lとrの使い分け，似たような単母音の違い（fanとfun）などが関わるためにカタカナの限界が明らかな場合はあえて取り上げなくともよい。そうではなく，awardを「アワード」，warnを「ワーン」，warを「ワー」，comfortableを「コンフォーテーブル」，nowhereを「ナウヒヤ」，buryを「バリー」，bullyも「バリー」idealllyを「イデアリ」，と読んでいる生徒・学生（これらは音読指導に本気で取り組んだ教師なら誰でも心当たりがあるはずである）に，これらはむしろ「アウォード」，「ウォーン」，「ウォー」，「カン（あるいはコン）フタボ」，「ノウウェア」，「ベリー」，「ブリー」，「アイディアリ」という音のほうがずっと近いのだ，と注意を喚起する，というレベルの議論である。

念のために申し添えると，ノウウェアでもノーウェアでも正解にする。そのレベルの話は採点基準としては不問にする。ただし，直後に行う答え合わせの段階で，正しい発音を実際にしてみせて，採点基準としては不問にしたレベルの話にも注意を向ける。例えば「アウォード」の語末には母音がない，とか，「ベリー」のrの発音に注意せよ，などである。

5　綴りを刺激とするパタン

【パタン6】

教師の刺激	生徒の反応
綴りを書く	訳語を書く

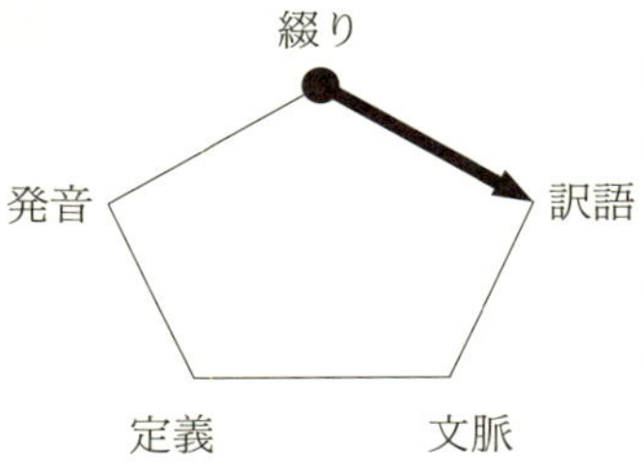

何度でも繰り返すが，反応として第1言語である日本語の生成を求めるのは長い目で見ると絶対によくない。小テストであっても，いや，日常的に行うことで日々の学習の方向を決定づける小テストであるからこそ，生徒のためを考えてやめるべきである。

【パタン7】

教師の刺激	生徒の反応
綴りを書く	綴りを書き写し，アクセントの位置を書く and/or 発音を書く

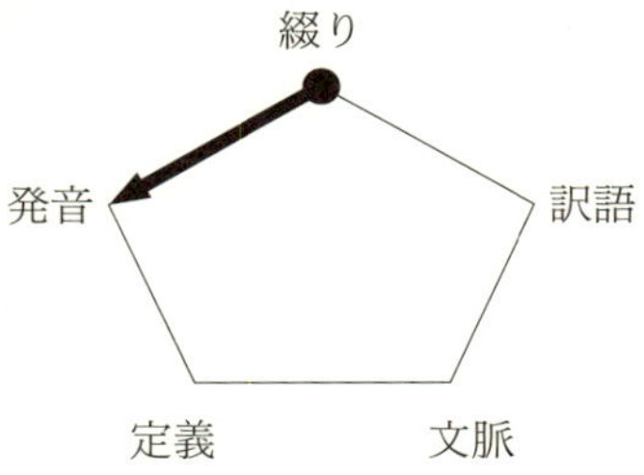

教師が単語を板書し，生徒はそれを書写し，アクセント記号を書き加える，というものである。アクセントがどこにあるのかに注意を払うよう仕向ける，という波及効果がある。しかし意味に注意を向けることはできない。

6 定義を刺激とするパタン

これまで検討した，綴り，発音，訳語の３つは刺激として広く利用されていると思われる。しかし定義は，小テストの刺激としてはあまり利用されていないのではないだろうか。しかし，英語を英語で説明する，される，という練習を徐々に増やしてゆくことが望ましい。そのための呼び水として，まずは小テストのなかで教員が定義を言うことから始めるのが良いだろう。

事前にプリント等の準備を必要としない小テストという条件で本章は論じているので，定義は教員が口頭で言うことになる。定義を英語で言うとなると，ノンネイティブスピーカーである日本人教員は，しり込みする部分が正直あるのではないだろうか。自信がない場合は当然，英英辞典に事前にあたり，定義を調べる必要がある。定義を調べる，と言ったが，正確には「定義そのもの」に加えて「生徒が耳で聞いてわかるレベルの定義ができる単語かどうか」を調べる，といったほうがよいだろう。

その際大きな威力を発揮するのが**電子辞書**である。

●電子辞書のすすめ

ここですこし小テストから脱線して電子辞書について触れておく。いつでもどこでも引ける携帯タイプの電子辞書は本当に便利である。2002年３月時点で筆者が自信を持って英語教師に薦めているのは，CASIO EX-word シリーズの XD-R8100 と，SEIKO の SR9200R である。この２機種とも搭載されている日本語系辞書は共通で，『広辞苑第五版』(岩波書店)，『逆引き広辞苑』(岩波書店)，『漢字源』(学研) の３冊である。違いはこれに加えて搭載されている英語系辞書で，XD-R8100 には *Longman Advanced American Dictionary* (Longman)，『ジーニアス英和辞典第3版』(大修館),『ジーニアス和英辞典』(大修館),『英語類語辞典』(大修館)が,SR9200Rには*The Concise Oxford Dictionary 10th Edition* (Oxford),『リーダーズ英和辞典第2版』(研究社),『新和英中辞典第4版』(研究社),*The Concise Oxford Thesaurus* (Oxford)が,いずれも胸ポケットに入れてもそれほど苦にならない程度のコンパクトボディに搭載されている。英語教師が生徒にわかる英語で授業を行うための準備をするにはCASIO XD-R8100が,自らが英語学習者としてTIME誌やペーパーバックを読むときにはSEIKO SR9200Rが適しているといえよう。以下,XD-R8100をもとに記述を進める。

まだ知らない人もかなりいるようなので説明するが,電子辞書として複数の辞書が搭載されているということは,それらの間をいわゆるシームレス(seamless)に行き来できるということなのだ。

英語教育の世界では昔から,「和英辞典は極力使うな。もしどうしても和英辞典を引いて,そこで初めて見た単語を使う場合には,その語を英和で引きなおして,用法用例等を確認してから使え」という指導がされている。筆者も生徒としてこう言われた記憶があるし,教師としても自分の生徒にこう言ってきた。

しかし正直これはかなり面倒で,そうそう実行できるものではない。ところが電子辞書を使えばそんなことは朝飯前にできてしまう。ジーニアス和英で「面倒」を引いてみると

bother	trouble	care	tend

が出てくる。この画面のまま,カーソルを"trouble"に持っていってハイライトさせ,ジャンプキーを押すと,英英辞典,英和辞典,類語辞典の3つの中からジャンプ先を選ぶように指示し

てくるので，英和辞典を選ぶと，次の瞬間には，“trouble”のジーニアス英和の画面が出てくる。さらにこの画面から英英にとび，*Longman* での trouble の定義を確認する画面に移るまで1秒である。

また，英英辞典で何かの語を引いてみたところ，定義はわかるが一応その日本語訳を確認したい場合，その語の英和のページにとぶのにも1秒しかかからない。英和で確認した後，また元の英英辞典の画面に戻るのも，また1秒である。

さらに *Longman* の例文検索ができる。特定の単語（複数指定可）を含むすべての例文を一瞬にして表示する機能で，ライティング指導の強力な助っ人だ。

このように使い勝手のよい電子辞書なので，授業準備として，その日の授業で扱う部分の主な語を英語でどう説明できるかをチェックするだけでも，教師としての英語での説明力を鍛えることができる。「英語で進める授業」のための心強い味方であり，一度使ってみると手離せない。

【パタン8】

教師の刺激	生徒の反応
定義を言う	綴りを書く

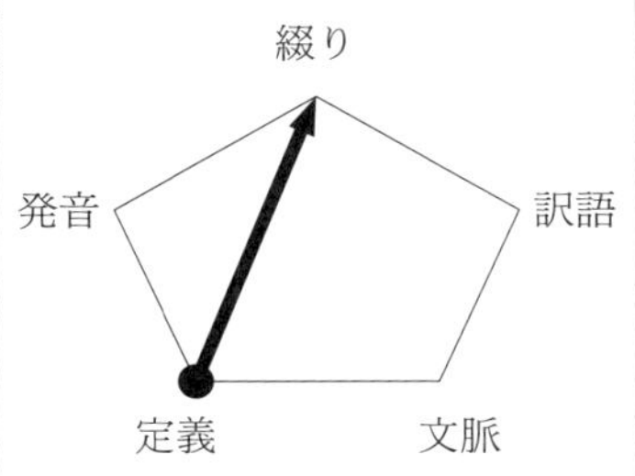

正解するのが不可能なほど難しいと思われるかもしれないが，そうでもない。なぜならば，前提となる出題範囲が，その日に扱うことがわかっていて予習してきている部分に決まっているから

である。生徒の顔色を見ていて，難しすぎると感じたなら，単語によっては次のパタン 9 に切りかえてもよい。

採点は，このように綴りを自分の力で書かせる場合は，それぞれ完全解答 2 点，綴りミス 1 点，無解答および完全な誤り 0 点，とするのがよいだろう。

【パタン 9】

教師の刺激	生徒の反応
語頭の文字を言う 定義を言う	綴りを書く

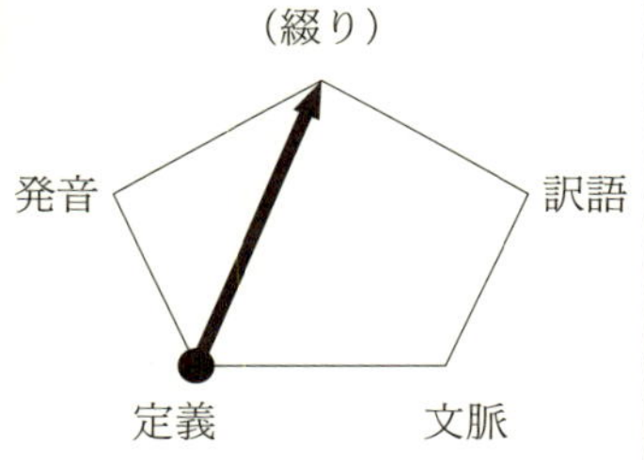

語頭文字情報を与えるための表現は，Begin with an “e”. などでよい。なお，テストされる立場にたつとわかるが，語頭の文字情報は定義の前に与えられるほうがやりやすい。最初に語頭の文字が分かると，その文字をイメージした状態で定義（説明）を聞くことができるが，順序が逆だとそれができない。

また，生徒の顔色を見ながら，語頭の一文字だけでは無理と感じたなら，すぐ続けて，Begin with “e-x”. それでも足りなそうであれば，Begin with “e-x-t”. などと，ヒントの情報を累積的に増やしていってもよい。

【パタン10】

教師の刺激	生徒の反応
語群を書く ランダムに定義を言う	定義に当たる語の綴りを書く

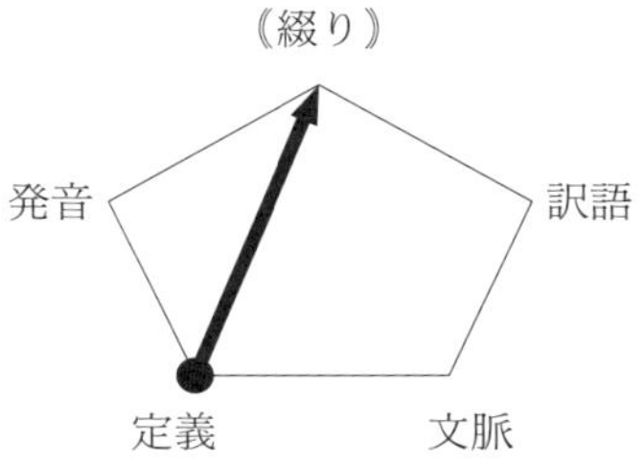

語群として板書してしまうことで，正解の範囲をより明確に示すパタンである。定義を刺激とするパタンの中で最も受験者側が取り組みやすいのがこれであるので，最初はここからスタートすることを薦める。

採点は，パタン８・９と異なり，綴り自体は与えられているので中間点を設ける必要はなく，各単語とも正解なら１点，無解答および誤り０点，でよい。

例えば，つぎの教科書本文（英語Ⅰ）が本日の授業で扱う部分だとする。これを範囲としてパタン10を実施することを考えてみよう。(本文中のボールド体の語は実際の教科書では通常の書体である。欄外に新出語として掲載されている語であることを示すために筆者が施している。)

(1)

What's happening?

Save the panda! Save the tigers! Save the elephants!

What should they be saved from? The answer is **extinction**. Around the world, many **scientists** believe **mass** extinction is going on right now.

Our earth **supports** lots of different animals. They are becoming extinct faster than they did in the past. In fact, they are **disappearing** many times faster than at any other time in the last 65 **million** years.

"We were the tallest birds in the world. **Settlers** to New Zealand **hunted** many of us. We became extinct about 200 years ago."

"We filled the sky of the **eastern** United States until the **mid**-19th century. But people **destroyed** the forests we lived in and took our lives. We became extinct in 1914."

Planet Blue English I（旺文社）Lesson 4 "They Are Going Away"

●準備

授業前の準備としてまず，下線の語の *Longman* での定義を確認することにする。

extinction を引くと，the state of being extinct とある。そこで，extinct にジャンプしてみると an extinct animal, plant, language etc. does not exist anymore となっている。そこで，次のように言えば高校１年生でもわかるだろう。"You use this word most often when talking about animals, such as pandas, tigers, or elephants. When the number of a certain animal in the world becomes smaller and smaller, and at last, there is none left, you say that animal has become ."

と表記してある部分は，実際には舌をならして「ポン！」という音を出す。これはプリントであれば空所（　）を設けるところを，口頭で表現するための重要なテクニックである(筆者は密かに「口ポン！リスニング・クローズ」と名づけている)。

scientist を引くと，someone who works or is trained in science とあり，science にジャンプすると，the knowledge about the physical world, especially based on examining, testing, and proving facts などとある。レベルの高い学習者であればこのまま使えばよいが，相手が初学者であれば，次のようにも言える。“This is a person. He or she likes studying very much. In particular, he or she likes science.”

mass を引くと，involving or intended for a very large number of people とある。このままでは使えないので，かなり単純化して次のようにする。“This is about a lot of people.”

support は，いくつかの定義があり，この場合，if land can support people or animals, it is of good enough quality to grow enough food for them to live が当てはまりそうだ。かなり単純化して，“This means to help, to give money to, or to give food to.” とすれば生徒にも分かるだろう。

disappear はどうか。to become impossible to find or to be lost という定義と，to stop existing という定義がある。“If you use this word when talking about a certain animal, it means that animal goes away and you can't find it any more.” でよいだろう。

million は引くまでもないので，“When there are one thousand groups of people, and if each group has one thousand people in it, then there are a 　　　 people in all.” とする。または，数字がこれしかないのだから，単に次のように言ってもよいわけである。“This is a (very very large) number.” このように考えれば中学生でもこの活動ができる。

settler は，someone who goes to live in a new place where

there are few people とある。これはそのまま使えそうだ。関係副詞が未習ならば，単に where 以下を省略しても今回の場合は許容範囲だろうし，あるいは次のように言っても良いだろう。

“This is a person. He or she goes to live in a new place. And in that new place, there are few people living.”

hunt は，to chase or look for animals and birds in order to kill them とあるので，chase の部分を省いてそのまま使えるだろう。

eastern は，in or from the east of a country or area とあるので，“in the east of a country” でよいが，あえてテストに入れることもなさそうである。

mid は，in the middle of something なのでこれも今回は扱わないことにする。

destroy は，to damage something so badly that it does not exist anymore or cannot be used or repaired とあり，レベルの高い学校ならこのまま使えばよいし，次のように単純化もできよう。“This means to damage something very badly.”

●パタン10の実際

黒板に以下の語群を書く。上で調べた新出語以外にも，century を加えてある。(小テストに含めるか否かは，教科書の新出語であるかどうかにこだわる必要はない。簡単な定義，説明がうまくできそうであれば取り入れて構わない。)

destroy	*hunt*	*settler*
million	*disappear*	
support	*mass*	*scientist*
extinction	*century*	

Okay! I'm going to describe the words on the blackboard one by one. Listen carefully and decide which one of these words I am talking about, and write down the word. Ready?

1. This lasts for a hundred years.
2. To look for animals or birds in order to kill them.
3. To give money or food to someone.
4. This is a person who goes on to live in a new place. In that new place, there are few people living.
5. This is again a person. He or she is interested in examining things in this world, so he or she is always studying something.
6. To become impossible to find.
7. This means to damage something very badly.
8. This means "a lot of people".
9. You often use this word when talking about animals such as tigers, elephants, pandas, etc. Today, there are a few of these animals left on earth, but if all of them die, we will use this word to describe the situation.
10. Imagine there are one thousand groups of people and each group has one thousand people in it. How many people are there in all? The answer is there are one ______ people.

いかがであろうか。この程度の英語であれば，高校１年生でも慣れてくれば十分対応できるはずである。「いや，うちの生徒にはこれでもとても」という読者のために，さらに簡単なバージョンを示そう。

Okay, quiz time! Listen carefully. Which one am I talking about?

1．A hundred years.
2．To kill animals. You use guns.
3．To help. To give food to someone.
4．This person goes to a new place and lives there.
5．This person likes studying.
6．You can't find them. You don't see them.
7．To damage.
8．A lot of people. For example, media.
9．All of them die. No one is left.
10．This is a number.

これだけ単純化すればかなりの初学者の場合でも使えるはずである（これでもダメだ，という読者は，生徒のレベルではなく自分の授業のやり方に問題を求めた方がよい)。

【パタン11】

教師の刺激	生徒の反応
語群を書く ランダムに定義を言う	綴りを書く アクセントの位置を書く and/or 発音を書く

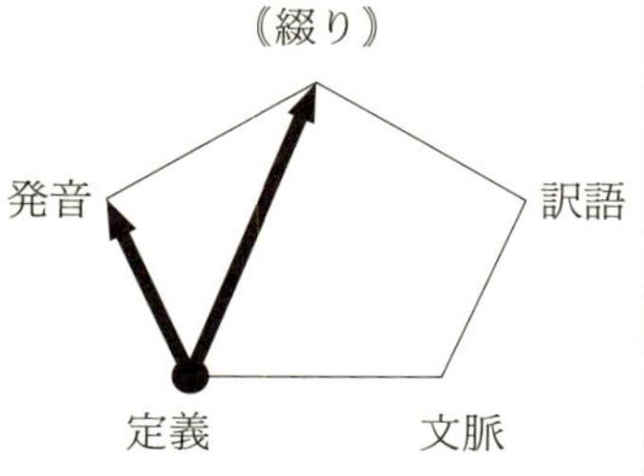

パタン10に加えて，発音もしくはアクセントを書かせる形式である。とくにアクセントの位置は常に書かせることにしておくと，生徒がどこに強勢を置くかを常に気にするようになる（教室での生の声を拾ってみるとよくわかる）。

このパタン11は語彙小テストの１つの決定版と言ってよいと思っている。

採点は，どの語を選んでいるか，という部分で１点。その上で，その語のアクセント（もしくは発音）も正しければさらに１点，という形がよい。アクセント・発音は，すべての語について書かせなくとも，必要に応じて指示したものだけでよい。例えば，10項目の語のうち４つアクセントも書くように指示した場合なら，10＋４＝14点満点のテストとなる。

7 文脈を刺激とするパタン

文脈を刺激とする形式は，事前に印刷しない小テストではほとんど行われていないだろう。それは口頭で空所（　）を作り出すのが一般には無理だと思われているからだ。しかし先に紹介した「口(くち)ポン！リスニング・クローズ」を使えば，口頭であっても印刷したものと全く同じように，自由自在に空所を設けることができる（教室の雰囲気も和む）。よって，およそ印刷物で可能なあらゆる種類の空所補充問題が，口頭でも可能になる。

空所はそのように設けるとして，肝心の文脈はどこから持ってくるのがよいだろうか。定期テストであれば，教科書本文に関係のない独立した例文を，辞書等から持ってくるのもよいだろう。しかし，日々の授業の中で行う小テストでは，その語が出ている教科書本文を活用するのがベストであろう。教師の側の準備も不要であるし，また生徒に与える波及効果もよい。すなわち，「新出語句をチェックする際は，欄外に掲載されているその語を単独で調べるだけでなく，その語が使われている本文もチェックすると，小テストで高得点を上げることができる」と思わせることにより，そうしなければ本文など読んでこない生徒にも本文を読ませる効果があるからだ。文脈（例文）を使うにしても直接教科書と関係ない例文が小テストに出題されるのでは，平均的な生徒にしてみれば準備の仕様がないので，逆にやる気をそぐ結果になってしまうかもしれない。

文脈を刺激として綴りを引き出す形式として，定義を刺激とする場合とパラレルに，次の 3 つのパタンが可能である。

【パタン12-a】

教師の刺激	生徒の反応
文脈を言う	綴りを書く

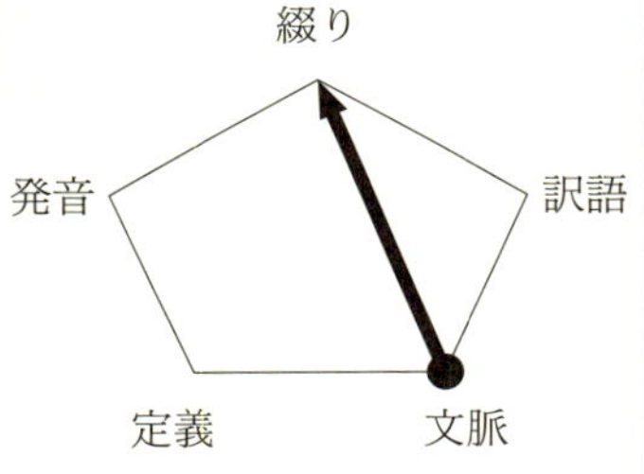

【パタン12-b】

教師の刺激	生徒の反応
文脈を言う 語頭の文字を言う	綴りを書く

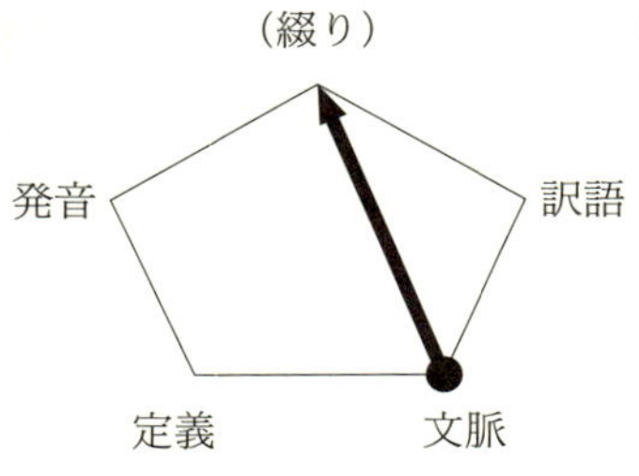

【パタン12-C】

教師の刺激	生徒の反応	
語群を書く ランダムに文脈を言う	綴りを書く	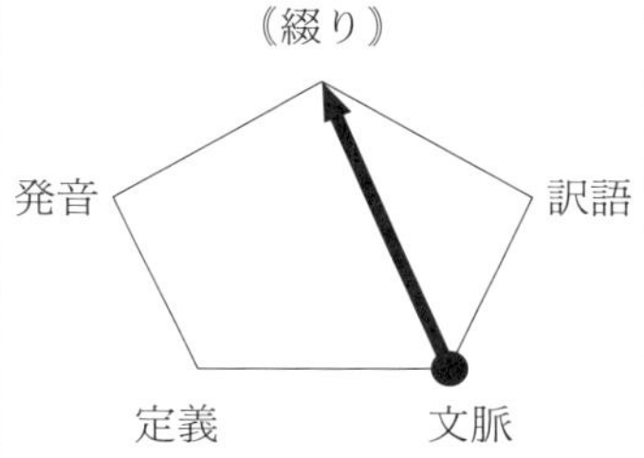

次の本文がその日カバーする範囲だとする。

1

Child labor, which is a **serious** human rights problem, does not usually gain the attention of people living in developed countries. In many parts of the world child workers are often seen in factories, fields and the streets. Children continue to be forced to work under bad conditions: low pay, long working hours, no health care and **improper** food or homes. They live without **basic** human rights such as education, **proper growth** and development.

There are at least 120 million children between 5 and 14 years old who work full time. Around 250 million work part time. More than 60 percent of these children are found in Asia. Each child's situation is different, but they share some similar difficulties.

Genius English Course I（大修館）Lesson 8 "Child Labor in Asia"

ボールド体の語は，教科書で新出語扱いになっているものである。これらの語に加えて，文脈（コロケーション）として出題できそうな部分に下線を引いてある。

●パタン12-Cの実際

下線を引いた部分の中から，ターゲット語にするものを決め，黒板に書く。

	serious	***conditions***	***care***
	low	***hours***	***improper***
basic	***situation***	***attention***	***developed***

その上で，次のようなテストを行う（______は，先に説明したロポンである。あるいは空き缶をペンでたたくとか，音の出る器具を使うとかでもよろしい）。

> Okay. I'm going to use these words in context one by one. Listen to me carefully and decide which word fits the "______" position most nicely, and write down the word. Ready? Here we go.
>
> 1. I don't like the long working ______.
> 2. People living in ______ countries are generally rich.
> 3. This problem does not usually gain the ______ of Japanese people.
> 4. The children live without ______ human rights.

5 . The children are not healthy because of ______ food.
6 . Child labor is a ______ human rights problem.
7 . People in those poor countries get no health ______.
8 . Each child's ______ is different, but they share some similar difficulties.
9 . Children are forced to work under bad ______.
10. The job is not good because the pay is ______.

先程の教科書本文で該当する下線部と，口頭で言っている部分を照らし合わせていただきたい。教科書本文とは微妙に変えていることに気づかれるはずである。これは教科書本文をことさら変えているというよりも，本文を基本的には利用しながら，より分かりやすいように，より短い文にしているつもりである。

このパタンも，次のようにより文脈をコンパクトにしてセンテンスより短い単位で与えることもできる。

Okay. Which word fits the "______"? Write it down.
1 . Long working ______.
2 . People in ______ countries.
3 . Gain the ______.
4 . ______ human rights.
5 . ______ food.
6 . A ______ problem.
7 . Health ______.
8 . A different ______.
9 . Under bad ______.
10. ______ pay.

このようにすると易しくなるかどうかは難しい問題だが，「とにかくうちの生徒は，リスニングの英語の量が少ないほうが最初は抵抗がない」と感じる読者はこのようなパタンもオプションとして用意しておくと役に立つこともあろう。

このように文脈を利用する場合も，必要に応じて次のように発音・アクセントも反応に含めることができる。

【パタン13】

教師の刺激	生徒の反応
語群を書く 文脈を言う	綴りを書く アクセントの位置を書く and/or 発音を書く

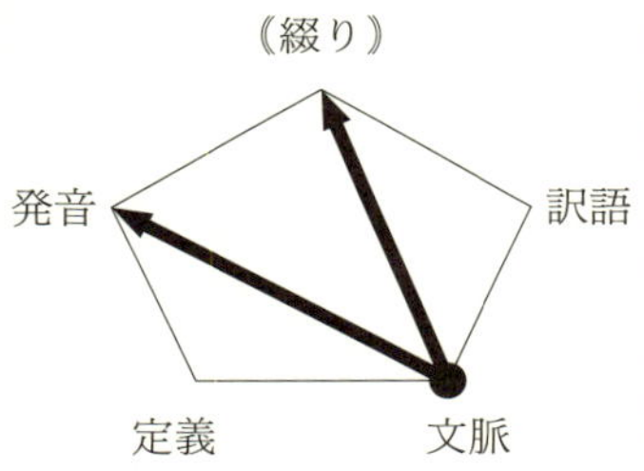

8 複数の刺激を組み合せるパタン

【パタン14】

教師の刺激	生徒の反応
語群を書く ランダムに定義 and/or 文脈を言う	綴りを書く

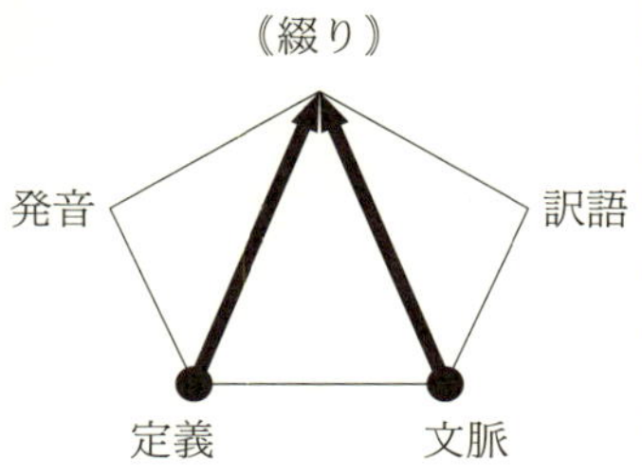

語によっては定義にしたほうがやりやすいもの，逆に文脈を示したほうが分かりやすいものがある。１つの小テストの中で適宜組み合わせてももちろん構わない。

次の本文が範囲だとする。

> **［B］Wait! Packaging is not that bad.**
>
> Today many people have come to believe that recycling is good, but from the point of the total **environment**, the **advice** is often wrong. Those who follow it may end up harming the environment more than if they were to **ignore** it altogether.
>
> Although people simply believe that packaging is bad, it is not **necessarily** true. Food packaging, for example, stops food from going bad. It keeps snacks fresh for about six months, and because of this the company does not need to have a **plant** in every city.
>
> In fact, most waste products can be recycled. But would recycling always be better for the environment? The answer is no. Recycling has environmental side **effects**. Some recycling programs use large amounts of energy and produce large amounts of water waste.
>
> Some people believe that **disposable** juice boxes are bad. However, **transporting** empty glass **bottles** needs more trucks than transporting empty boxes, and uses more **fuel** and causes more air **pollution**.

Planet Blue English I（旺文社）Lesson 8 “Packaging: Yes or No?”

次の語を板書する。

environment ***pollution*** ***advice*** ***transport***
ignore ***necessarily*** ***fuel***
plant ***effects*** ***disposable***

Okay. I'm going to explain these words one by one. Listen to me carefully, decide which one I'm talking about, and write down the word. Okay?

1. What everyone believes is not ____ true.
2. Something that is burnt to produce energy. Things such as gasoline, coal, gas, etc.
3. This means to pay no attention to something, or to behave as if you haven't heard something.
4. You use this word when talking about something you use only once or for a short time and then throw away. For example, at most Japanese restaurants, people use ____ chopsticks.
5. This is about air, water, soil, etc. that are dangerously dirty. We talk about air ____, water ____, etc.
6. This is like a factory. An atomic power ____.
7. This means to take people or goods from one place to another in a car, truck, bus, etc.
8. When you are in trouble, you may need ____ from someone you trust. This is like an opinion about what you

should do.

9 . These are changes caused by something. For example, some people believe that recycling has bad side ＿＿＿.

10. This is something that everyone is worried about today. It means the air, water, and land in which people, animals, and plants live.

9 刺激を2ステップにするパタン

ここまでは，語群を教師が黒板にあらかじめ書いた状態で小テストに入っていた。しかし常にこのパタンだと，生徒がスペルを覚えようとしないというマイナスの波及効果が見られる。かといって語群を全く与えないと難しすぎてしまう，という傾向がある。そこでこの両者を併せた方法として，まず語群を書き取らせてから次に定義 and/or 文脈を与える 2 段階方式を考える。

【パタン15：ステップ1】

教師の刺激	生徒の反応
発音する	綴りを書く

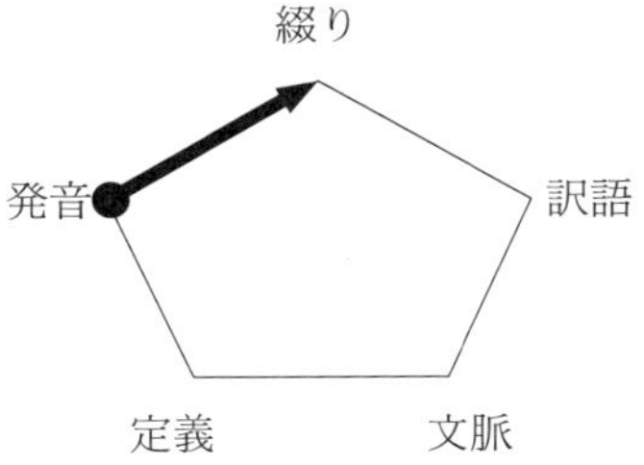

【パタン15：ステップ2】

教師の刺激	生徒の反応
定義 and/or 文脈を言う	綴りを書く

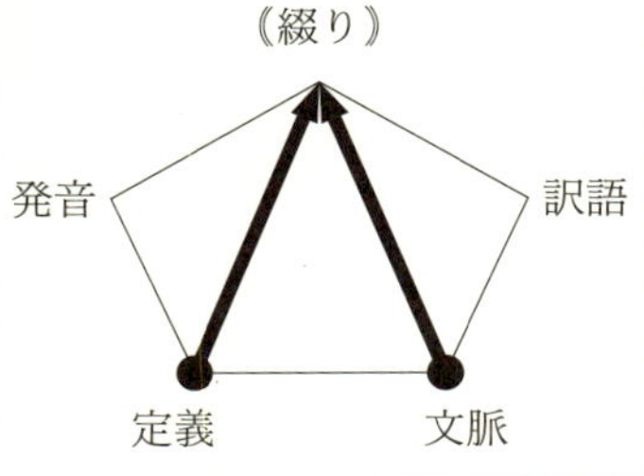

10個のターゲット語がある場合，問題は1～10番までと11～20番までの2部に分かれる。1～10番は，教師はひとつひとつ語を発音し，生徒は単にそれを書き取る。11～20番では，教師は1～10番で書き取らせた語を語群として，定義 and/or 文脈を与える。生徒は，自分が書き取った1～10番の語の中から定義 and/or 文脈に合う語を，もう1度11～20番で書いてゆく。

こうすると，第1部で書き取れていない語がある生徒は第2部で不利になる。よって単に第2部のみ（つまりあらかじめ語群を与えておいて）実施した場合に比べて，発音を聞いてスペリングを正確に書き取る，という部分の準備にも力を注がせるという波及効果がある。

採点は，第1部は書き取りであるから，完全解答のみ1つ1点，少しでも綴りミスがあれば0点とする。第2部は，綴りミスは無視し，単語として合っていれば1点，間違っていれば0点，とするのがよいだろう。

10 ワーキングメモリによる文再生

これまでは刺激が何であるにせよ，テスト項目の単位は語であった。しかし文を単位として小テストを行うこともできる。根岸（1993）は，文を書き取らせる小テストを紹介しているが，その方法は，教師が文をセンスグループごとに区切って発話し，生徒はその区切りごとに書き取る，というものである。

本書で提案する小テストは同じ文の書き取りであるが，あえてセンスグループごとに区切らず，１文を最後まで一気に，しかも１回だけ発話し，それを書き取らせる，という方式である。文の発話の音声は数秒で消えてしまうので，生徒はたった今聞いた文の音声イメージを記憶，正確には**ワーキングメモリ**（working memory）と呼ばれる一時貯蔵場所に保存し，そのデータが劣化しないうちに文字として再生することが要求される。

【ワーキングメモリテスト】

教師の刺激	生徒の反応
文を一回自然に言う	記憶をたよりに文を書く

ここで言語運用におけるワーキングメモリの重要性についてごく簡単に触れておく。ワーキングメモリとは，かつて，**短期記憶**と呼ばれていた概念におよそ対応するものだが，短期記憶が単に貯蔵のみをその機能とする，いわば静的概念として定義されていたのに比べ，**貯蔵**（storage）および**処理**（processing）が共通の**認知資源**（cognitive resources）を分かちあって機能する，より動的な概念として提案されているものである。

１つの考えかたによれば，人間が一度に**活性化**しておけるワーキングメモリ容量はある程度決まっている（古くはG. A. Millerの the magical number seven plus or minus two という説がある)。全体として限られたワーキングメモリ容量を，いかに効率的に貯蔵と処理に割り振れるかにより，人間がいかにうまく言語運用を行えるかが決まるという。

第2言語使用者の場合，母語使用者に比べ，ワーキングメモリ容量の中で「貯蔵」に当てることのできる部分が極端に小さいことが知られている。第2言語という慣れない言語の「処理」にメモリ容量の多くを取られてしまう結果と考えられる。我々非母語話者が，一度に短期的に記憶しておける言語形式の長さが短いのはそのせいである。熟達度が上がるにつれて処理に費やす認知資源は徐々に少なくなり，その分貯蔵に割り振れる容量が増えていく。つまり，上のような形式の小テストにおいて，一度に記憶しておける言語の長さが長くなれば，それは処理に当てねばならない容量が減ったこと，つまり処理がより効率的になったことを意味すると考えてよいだろう。すなわち，上の形式の小テストは受験者の英語の処理効率（processing efficiency）を（間接的に）測定しているといってよい。

●いつ，何の文で実施するか

このテストを小テストとして実施する場合，授業の終了直前に，その日の授業のポイントである文，音読を練習した文，あるいはシャドウイングを練習した文などを題材に実施するのがよいのではないだろうか。筆者の場合，授業の終了直前4分前になると必ず実施している。このようなテストが必ず授業の最後にあると予想すれば，音読練習やシャドウイング練習に対する取り組みが違ってくる。

4分間で実施，採点，回収をすべて済ませるためには手際よくやらねばならない。採点は必ずペアで交換させて行う。題材は必ず教科書に載っている文であるので改めて正解を板書する手間はない。採点法は1語ずつの1/0（イチゼロ）法である。綴りも含めて，とにかく正解の文に含まれる語が1つ書いてあれば1つマルをつけ，1点になる。14語からなる文で，9語書けていれば9/14点である。ほとんどないが，仮に2つの語が書いてあり，順番が逆になっていれば，どちらかを正解，もう一方はバツとして，1点，と数える。こうすれば生徒でも機械的に採点することが可能である。

最後の4分間で実施する関係上，問題は必ず1つ，すなわち1文のみである。是非一度試していただきたい。

11 まとめ

小テストは学習を促進するために行う。望ましい語彙学習を促進するためには，反応として訳語を求めてはならない。刺激として定義あるいは文脈を与え，応答として綴り，および必要に応じて発音を求める形式が最もよい。文をターゲットにする場合，ワーキングメモリ書き取り形式が，非常によい波及効果がある。授業の最初と最後を異なる小テストでサンドイッチにしておくと，最大限の学びを引き出すことができる。

4 定期テストの作成

1 目的とプライオリティ

第2章の提言5により，筆者の考える定期テストの目的とプライオリティはすでに明らかなことと思う。目的は学習の促進であり，プライオリティは波及効果に置かれるべきである。高校生は（大学に進学しようと思えば）大学入試のために勉強する，とは以前から言われており，その意味では大学入試の波及効果はなんと言っても最大である。しかしそれとは別の意味で定期テストの波及効果は大切なのである。通常の授業の一環として行われる定期テストは，上級学校への入学試験が与える影響よりも，より短いスパンでテスト前，テスト後の英語学習に影響を与える（どころでなく，ほとんど支配すると言ってよい），重要な存在だからである。よって定期テスト問題の是非を考える際に，「このテスト形式に対応できることを目指して勉強することが，本当に生徒にとって望ましい学習，意味のある成果につながる努力を引き出すか？」という質問は，英語教師がつねに自らに問いかける必要のあるものといえよう。

定期テストのプライオリティをまとめると次のようになる。

定期テストのプライオリティ

信頼性	★★☆
妥当性	★★☆
波及効果	★★★
実用性	★★☆

小テストに比べると，まず信頼性の★が１つ増えた。第一義が測定ではないとはいえ，やはり小テストに比べれば精度に対する要求水準は高まる。妥当性は小テストと同じ★２つである。第１章で指摘したように「妥当性」とは「～として妥当」の「～として」の部分がないと論じられないが，この場合「その時点での熟達度を測定するテストとしての妥当性」のつもりである。授業でのティーチング・ポイントに則してさえいれば，標準テストで要求されるようなレベルの構成概念妥当性は必要ないと考える。また実用性の★が１つ減った。毎授業に実施するのが望ましい小テストに比べれば，作成または採点における多少の労力は注がれるべきものである。採点が多少面倒であろうが波及効果がよいと思われる形式は実現するべきである。

本章を執筆するにあたり実際に中学・高校で実施された100以上の定期テストのコピーに目を通した。そして受けた印象は，問題の全体的な外観が，ごく少数の例外を除いて，驚くほどよく似ているということである。具体的には，(1)日本語による応答を求める問題の比率が非常に多く，かつ(2)ミニクイ「総合問題」が極めて多い。

中学と高校からそれぞれ１つだけ，典型的な例をあげ，それぞれ alternatives を提示してみたい。

2 中学での実例と改善案

次はある中学校の2年2学期末テストである。

> 次の英語は日本語に，日本語は英語に直しなさい。
>
> 1） hard　2） support　3） forget　4） send　5） vacation
> 6） important　7） write　8） kind　9） 米　10） えがく
> 11） 眠る　12） 部分　13） 夏　14） 待つ　15） 100万の

2-1 評価

いくつか論点がある。まず，1）の hard や 8）の kind などが多義語であるから答えが1つに決まらないという点である。これは従来「だから悪問だ」という指摘がなされることが多かった点だが，筆者はその批判は必ずしも当たらないと考えている。これが「熟達度テストであれば困るが，到達度テストであれば許される」例の1つで，すべての語義に通じている英語教師にとっては多義語である hard や kind も，このテストを受ける生徒にとっては多義語ではないかもしれない。つまり，このテストが実施される中学2年の2学期末という時期ではそれぞれの語とも1つの意味でしか遭遇していないかもしれない，ということである。もしそうならば，hard も important と同様に「ほぼ一義」語として扱っても何ら問題ないことになる。

このように，定期考査などそれまでの授業の文脈に依存して実施される（context-dependent）テストは，それが実施されるまでの状況や前提と切り離して論ずるのは無意味である。

しかし生徒の中に，塾で進んだ学習をした者がいて，学校の授業では「一所懸命に」という副詞として習ったhardに対して，「かたい」という答えを書いてきたらどうするのか？という疑問がわく読者もいるかもしれない。簡単である。もちろんそれも正解にすればよい。

むしろ筆者がこの形式で問題を感じるのは，(1)語を単独で取り上げている点，と(2)応答として日本語を求める点，である。

語を単独で，すなわち文脈なしに取り上げると，どのような学習，試験準備を誘発するだろうか。おそらく例えば，昔ながらの単語帳のように，表に英語，裏に日本語訳を書き，それを繰り返し見て丸暗記する，という学習が考えられる。あるいはノートに対訳形式の単語リストを作り，左の英語だけを見て日本語を，右の日本語だけを見て英語を再生する，という形式をとるかもしれない。

これは果たして望ましい学習であろうか。この質問に対する答えは読者によってさまざまであろう。もちろん何もしないよりもずっと望ましいという点では望ましい。しかし，いつまでも１対１対応でのみ覚えるのは望ましくない，という意味では望ましくない。その意味で，下で提案するような別の形式によって，できれば文脈とともに，あるいは翻訳以外の形式で，またはその両方の要素を使って問うほうが望ましいといえる。

次に応答として日本語を求めている点である。繰り返し論じているが，翻訳を求める中でも 1)-8) のような，「英から日」という方向と， 9)-15) のような「日から英」という方向は，分けて考える必要があるように思う。より一般的に表記するなら

Ｌ２（第２言語）→Ｌ１（第１言語）
Ｌ１（第１言語）→Ｌ２（第２言語）

という２つの方向である。提言１で詳しく論じたようにこの２つの方向はその罪の軽重に差がある。日本語の語を与えてそれに対応する英単語を求める形式は，１対１対応という点で今ひとつであるというが，場合によっては，つまり小テストなどのレベルのテスト状況であれば許されるだろう。「許される」というよりも，実施が容易でかつ効率的に実施できるという点で，状況によっては活用されるべきものかもしれない。曲がりなりにも応答として目標言語である英語を生成することを要求しているからである。テスト準備中，またテスト中に，英単語を口頭で，あるいは書いて生成するという体験を繰り返すことは，目標言語獲得を促進する働きがあることは間違いないだろう。その意味で，「Ｌ１（日本語）→Ｌ２（英語）」の方向は良い波及効果をもつ。

翻って「Ｌ２→Ｌ１」の方向はどうか。生成するのがＬ１である日本語なので，日本語の獲得には役に立つかもしれないが，あいにく本書で問題にしている受験者は日本人の生徒たちであり，すでに日本語は習得しているので関係ない。この形式のテストがどのような学習，テスト準備を強化するかといえば，この形式通り，英語を見て対応する訳語を想起する，というものである。そして，読者は同意してくださると思いたいが，この学習法には大きな限界がある。英語を見てそれに対応する日本語を見つけることが英語を理解することだ，という大きな誤解を繰り返し繰り返し刷りこむことになるのだ。日本で外国語として英語を学習する場合，初期の段階では訳語の助けを借りることで英語の意味を理解させることが一般的だと思われ，そしてこれは決して出発点としては悪いことではない。しかし，できる限り早い時期に，英語を理解するということは英語を英語として理解することであって，対応する日本語を見つけることとは微妙に違う，という感覚を身につけさせることが，その生徒のその後の英語学習が成功するかしないかを左右する，きわめて重要なことではなかろうか。

再確認しておくと，本書の提言１は，すべからくこれからの英語のテストにおいて，Ｌ２を見てＬ１を表出することを反応として求めるような項目はやめよう，というものである。この線にそって以下の修正を提案する。

2-2 最も小さな修正

1)～8）も，「L1 → L2」の方向にする。9)～15）はそのまま。

【パタン１】 和訳からの再生

次の日本語を英語に直しなさい。

1）一所懸命　2）支える　3）忘れる　4）送る　5）休暇
6）重要な　7）書く　8）親切な　9）米　10）えがく
11）眠る　12）部分　13）夏　14）待つ　15）100万の

2-3 やや大きな修正

1)～8）もキューをすべて日本語に直した上で，さらに文脈を日本語で与える。

【パタン２】 和訳と和文脈による再生

次のような内容を英語で言う時，下線部の内容を表現するのに使える英単語を知っていれば書きなさい。

1）私は今<u>一所懸命</u>英語を勉強しています。

2) つらいことがあった時，支えてくれるのが友人です。
3) これを明日持って来るのを忘れることがないようにね。
4) これを大阪まで送るのにいくらかかりますかね？
5) 夏休みが待ち遠しいなあ。
6) ベストを尽くすことが大切です。
7) ケータイが広まって手紙を書く機会が減りました。
(以下略)

まず指示文の「次のような内容を英語で言う時」および「下線部の内容を表現する」という表現に注意を払っていただきたい。日本語を英語に「直す」とか，英語に「訳す」とか，1対1の対応意識を無意識のうちに刷り込むような文言は一切使うべきではない，というのが筆者の考えである。日本語はある意味を表しているので，その意味を別の言語である英語で表現しようとする際，どのような表現が使われるか，というように考える姿勢を教えることが大切である。

もちろん「直す」の代わりに「〜を英語で言う」を使っただけで，このメッセージが十分伝わるとは考えられない。普段の授業のあらゆる局面を通じてこのメッセージを発信しつづける必要がある。そしてその上で定期テストでも必ずこのような表現を使うことにするならば，表面的に単語を単語で置き換えようという姿勢で英語を言ったり書いたりする生徒は減るはずである。

次に，文脈を日本語で与えた点である。こうすれば，仮にターゲットとなる日本語に潜在的な多義性の問題があったとしてもほとんど回避できる。それより重要な点は，文脈を与え，それぞれのアイテムがそれなりに完結した発話となったために，タスクとしての authenticity が強まったことである。タスクとしての authenticity とは，テストの中で求められる行為が，現実生活の中で求められうる行為とどれだけ近いか，あるいは遠いか，の程度である。現実生活の中で英語を用いた行為として，何らかの完結した意味を持つ発話を生成するために英語を用いる，ということはありうる。つまり，「今英語を頑張っているんだ」「英語には今マジになってるよ」というようなことを頭で思い，それを相手に伝えることは状況としてあり得る。しかし，「一所懸命」という表現だけを頭に思い浮かべ，それを相手に伝えることは，通常の状況ではない。よって，同じ“hard”を表出させるためのキューとして，「一所懸命」という日本語のみを与えておくよりも，「私は今一所懸命英語を勉強しています」という完結した発話を与えるほうが現実生活に近い，すなわちauthenticityが強い，あるいは高い。このような形式であれば，生徒に対して，「英語はこういうことを言いたい時にも使えるのだ」というメッセージを発することができる。

さらに次のようなキューにすると，出発点が「ただ1つの日本文」ではなく，「たまたま日本語を用いて表現されているが，本質的には特定言語に拠らない状況」である，というニュアンスを強めることができる。

【パタン3】 和訳と和状況による再生

> 次のような時，下線部の内容を表現するのに使える英単語を知っていれば書きなさい。
>
> 1) 自分は<u>一所懸命</u>英語を勉強していることを伝えたい時。
> 2) つらいことがあった場合に<u>支えてくれる</u>のが友人だと言いたい時。
> 3) 大切なものを持参するのを<u>忘れる</u>ことがないように念を押す時。
> 4) 小包を大阪まで<u>送る</u>料金を知りたい時。

5) 夏休みが待ち遠しい気持ちを表現する時
6) ベストを尽くすことが大切だと強調したい時。
7) ケータイが広まって手紙を書く機会が減ったと指摘する時。
(以下略)

なお，同じ文脈を与えるにしても，

1) I am studying English hard now.
2) A true friend will support you when you are having a hard time.
3) Don't forget to bring this tomorrow.
4) How much does it cost to send this to Osaka?
5) I can't wait for the summer vacation.
6) It is important to do your best.
7) We don't write letters very often. We use cellphones.
(以下略)

として，下線部に対応する日本語を書かせることは，その生徒たちの将来を考えるなら決してやらないほうがよい。

英文を用いるとすると，次のように空所補充にするほうがよい。

【パタン4】 英文脈に適する語を選択

次の英文の（　）の部分に入る語を下のA)-G)から選びなさい。

1) I am studying English (　　　) now.
2) A true friend will (　　　) you when you are having a hard time.
3) Don't (　　　) to bring this tomorrow.

4) How much does it cost to (　　　) this to Osaka?
5) I can't wait for the summer (　　　).
6) It is (　　　) to do your best.
7) We don't (　　　) letters very often. We use cellphones.

A) support　B) hard　C) send　D) write　E) forget
F) vacation　G) important

あるいは，次のように，英語の文脈を与えた上で，問題となる部分の日本語表現を与えておくこともできる。

【パタン5】 和訳と英文脈による再生

次の1)～7)の日本語の意味にあたる英単語を書きなさい。参考として，その語を使うことができる文脈が挙げてあります。

1) 一所懸命 I am studying English (　　　) now.
2) 支える A true friend will (　　　) you when you are having a hard time.
3) 忘れる Don't (　　　) to bring this tomorrow.
4) 送る How much does it cost to (　　　) this to Osaka?
5) 休み I can't wait for the summer (　　　)
6) 大切な It is (　　　) to do your best.
7) 書く We don't (　　　) letters very often. We use cellphones.

選択肢から選ぶという再認法ではなく，再生させたいならば，選択肢をなくせばよい。ただし単に選択肢を除いただけでは，受けるほうにとっても採点するほうにとっても正解の幅が広すぎて現実的でないならば，次のように語頭の文字だけ与えればよい。

【パタン６】 英文脈と語頭の文字による再生

次の英文の（　）の部分に入る語を書きなさい。語頭の文字は与えられています。

1) I am studying English (h　　　) now.
2) A true friend will (s　　　) you when you are having a hard time.
3) Don't (f　　　) to bring this tomorrow.
4) How much does it cost to (s　　　) this to Osaka?
5) I can't wait for the summer (v　　　).
6) It is (i　　　) to do your best.
7) We don't (w　　　) letters very often. We use cellphones.

与えるのは語頭の文字とは限らない。語頭と語末を与えることもできる。

【パタン７】 英文脈と語頭・語末の文字による再生

次の英文の（　）の部分に入る語を書きなさい。語頭と語末の文字は与えられています。

1) I am studying English (h　　d) now.
2) A true friend will (s　　　t) you when you are having a hard time.
3) Don't (f　　t) to bring this tomorrow.
4) How much does it cost to (s　　d) this to Osaka?
5) I can't wait for the summer (v　　　　n).
6) It is (i　　　　t) to do your best.
7) We don't (w　　e) letters very often. We use cellphones.

見てお気づきのように語頭と語末を与える場合はターゲットの語に応じて（　　）のサイズを調整した。もし調整しないと生徒に誤解を与える可能性がある。あるいは語頭から数文字与えることもできる。次は，語の前半（文字数が奇数の語の場合は半分より少ない）の文字を与えた例である。

【パタン8】　英文脈と語頭複数文字による再生

次の英文の（　）の部分に入る語を書きなさい。語の前半の文字は与えられています。

1) I am studying English (ha　　) now.
2) A true friend will (sup　　　) you when you are having a hard time.
3) Don't (for　　) to bring this tomorrow.
4) How much does it cost to (se　　) this to Osaka?
5) I can't wait for the summer (vaca　　　).
6) It is (impo　　　) to do your best.
7) We don't (wr　　) letters very often. We use cellphones.

3　高校での実例と改善案

高校のテストの典型として，次の「総合問題」を検討してみよう。実際にある高校で実施されたものである。

次の文章を読んで，後の問いに答えなさい。⑾

You can learn a lot about people from the way they drive a car.

① Driving makes some people very competitive. Even (　a　) people can become very (　b　) once they are behind the wheel. Those who are inside cars are cut off from the outside world, so they can ignore (　c　) social rules. They shout and make (　d　) gestures in cars because everybody will criticize them for their bad behavior. ② The best way to find out what your future partner can really be like is ③ to ask him or her to take you for a drive.

1．下線部①の内容に最も近いものを以下から選び，記号で答えなさい。(2)

a. Some people become very competitive when they drive a car.

b. People who are very competitive sometimes drive a car.

c. A car makes some competitive people drive carefully.

d. Some people make a very competitive car.

2．空欄(a)から(d)に入れるべき最適な語を以下からそれぞれ選び，記号で答えなさい。(1×4)

あ．ordinary　　い．aggressive　　う．quiet　　え．rude

3．②の文について，主部と述部に分け，主部の最後の1語を答えなさい。(2)

4．下線部③について，どういう目的でこういうことをするのか，日本語で答えなさい。(2)

5．本文中に，文の内容から考えて合わない語が1つある。それを抜き出し，訂正しなさい。(2)

英文素材は *English 21 Read On!* 東京書籍より

3-1 評価

ミニクサという点では「極めてひどい」というほどではない(もっともっとミニクイ総合問題はいくらでもある)。なぜかというと「変形」が，①〜③の下線（②は下線ではないが）と，(a)〜(d)の空所の2系統であるせいである。1系統，ゼロ系統よりは悪いが，3系統，4系統よりはましである。

ひとつひとつの項目の狙いは決して悪くないが，次のようにそれぞれ改善の余地がある。

(1) 英語でのパラフレーズを選択させようという狙いはよいのだが，選択肢がよくない。正解のaも，かなり機械的な「書き換え」の域を出ていない。例えばcompetitiveの意味が分からなくても選べるような正解である。そして3つの錯乱肢が，内容的にナンセンスなものばかりである。

(2) 空所補充であるが，意識して人やその行動に関する形容詞ばかりを空所にしていることが伺える。空所を設ける際に，このように同じ品詞や性質の語ばかりを狙うのは1つの見識である。ただ空所の数と選択肢の数が同じであるのが今ひとつである。こうすると1つ間違えると自動的にもう1つ間違える。逆に3つできると自動的に最後の1つができる。錯乱肢を1つ増やすほうがよかった。

(3) 構文に関する設問で，内容としてはよい。しかしこれは授業中の発問のレベルではないかという気がする。

(4) 第1章で述べたとおり，授業で扱ったテキストの意味を日本語で問うのはナンセンスである。英語が理解できていてもいなくても，書ける。

(5) 内容的な誤りを埋め込んでおき，それを検知させる形式自体はよい。ただし設問の位置が悪かった。この問題の指示の通りに行動する受験者は，まず「次の文章を読んで」いる際に，悩み始める。「なぜeverybody will criticize themなのだ？意味が通らない。自分の読み方がどこかで間違っているのか？ミスプリントだろうか。先生に言ったほうがいいかな？もう一度最初から読み直さねば...」このように疑問に悩み狂いながら1，2，3，4，と設問を順番にこなしてきてやっと5にたどりつく。するとそこには「内容から考えて合わない語が一つある」と書いてあるではないか。もし筆者がこの受験者の立場であれば，「だったら最初から言ってくれよ!! 悩みに悩んで時間を無駄にしたじゃないか！」と抗議したくなる。これは禁じ手のだまし討ちである。内容的な誤り検知を課す場合には，必ずテキストを読み出す前に，誤りがある旨を明記しておかねばならない。さもないと素直な受験者をいたずらに混乱させ，得点の信頼性が低くなる。

このようなこまごました改善の余地はあるにしても，ひとつひとつの設問が非常に悪いというわけでは決してない。ところが問題全体として非常に散漫な感じを受ける。その原因は，1つの文章に4つも5つも異なるタスクを課して，結果的にひとつひとつのタスクの分量が極めて少なくなってしまっているからである。定期試験で教科書本文の一部を出題する場合には，次の原則を守るとすっきりしたテストになる。

1つの大問で課すタスクの種類は1つ（か，せいぜい2つ）に限ること。

数えてみると，この大問全体の項目数は8個である。8個くらいであればすべて同じ形式がよい。空所補充だけを8個，あるいは下線部の英文説明選択だけを8個，あるいは下線部の英文説明記述だけを8個，あるいは誤り検知だけを8個，等である。

もしどうしても “Driving makes . . . competitive.” の文は英文言い換えで，“The best way to . . . drive.” の文は，主部と述部の切れ目を問う形式で出題したいのであれば，このような1つのパッセージとしてでなく，それぞれそのような形式だけを集めた複数の大問を別に作るほうがよい。つまり，ある大問は複数のレッスンから集められた英文言い換えだけが集まっており，次の大問にはやはり複数のレッスンから集められた，主部と述部の境界や，修飾語句の境界などを問う問題だけが集まっており，次の大問にはやはり複数のレッスンから，語順がポイントであるような英文のみが集められて並べかえ問題になっている，という感じである。そして，そのようないわば「**細切れ問題**」のほかに，パッセージが出題されていて，そこでは意味に関わる1種類のタスクが設定されている，というのがよろしい。

定期テストでは，教科書の題材はすべてタイプ別（並べ替え，

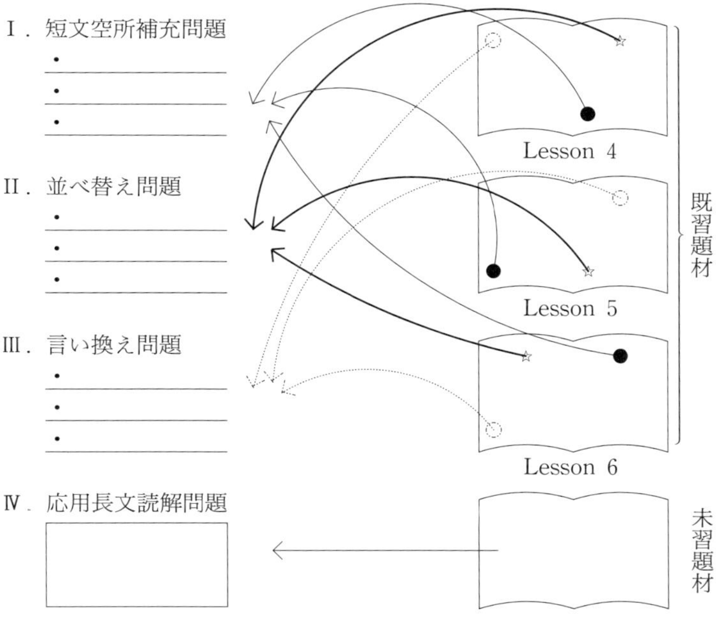

図1　既習題材からの細切れ問題＋未習題材からの長文問題の概念図

短文の空所補充等）の細切れ問題にし，そのほかに，授業で扱ったのでない（教科書と同レベルの）文章を純粋な読解問題として出題する，というのも１つの方法である（前頁図１）。

教科書で学習した語彙，表現，構文等は細切れ問題として出題することで，それぞれ独立した知識として習得するように促し，それとは別に，それまで習得した知識を有機的に動員する必要のあるディスコース問題を応用として必ず１題出すことで，ひごろから自分で「実力」をつけておこうという努力も促す，という仕組みである。

3-2 改善案

以下では，先の driving のパッセージを細切れにせずパッセージとして出題するという前提で，筆者の考える望ましい「１つ（かせいぜい２つ）のタスクのみ」という原則を守った出題形式の alternatives を提示する。確認しておくが，以下はすべて定期テストの問題であって，内容理解は授業中に済んでいるのが前提である（そうでなければ，内容理解に的を絞った設問にするべきだ）。

内容理解は済んだ英文であるが，その英文素材を100％身につけて欲しい，すなわち，構文もきちんと把握し，語も記憶し，形式的にも内容的にも理解し，また記憶するべきものは記憶して欲しい，という願いを波及効果として実現できるように，ということを念頭においている。

【パタン1】 空所補充（語頭文字あり）

次の文章の（　）に入る語を書きなさい。語頭の文字は与えられています。

You can learn a lot about people from the way they drive a car. Driving (m　　　) some people very (c　　　). Even (q　　　) people can become very (a　　　) once they are (b　　　) the wheel. Those who are inside cars are (c　　　) off from the outside world, so they can (i　　　) ordinary social rules. They shout and make (r　　　) gestures in cars because nobody will (c　　　) them for their bad (b　　　). The best way to find out what your future (p　　　) can really be like is to (a　　　) him or her to take you for a drive.

最もオーソドックスな空所補充である。語頭の文字を与えておけば，思い出すヒントにもなるし，かつ別解の可能性を減らし採点を容易にする働きもある。この例では特に品詞はそろえていないが，すべて内容語である。このような問題を出す場合は，「～ページは，空所補充で綴りを書かせるよ」と予告しておくとよい。

なお，これをわざわざ

You can learn a lot about people from the way they drive a car. Driving ①(m　　　) some people very ②(c　　　). Even ③(q　　　) people can become very ④(a　　　) once they. . .

などとミニククする必要は全く無い。解答用紙のほうを次のようにしておけば間違いは起こらない。

m	c	q	a
b	c	i	r
c	b	p	a

【パタン２】 空所補充（選択肢あり）

次の文章の（　）に入る語を，ア～スから選び，その記号を書きなさい。

You can learn a lot about people from the way they drive a car. Driving (1) some people very (2). Even (3) people can become very (4) once they are (5) the wheel. Those who are inside cars are (6) off from the outside world, so they can (7) ordinary social rules. They shout and make (8) gestures in cars because nobody will (9) them for their bad (10). The best way to find out what your future (11) can really be like is to (12) him or her to take you for a drive.

ア aggressive　イ ask　ウ behavior　エ behind　オ competitive
カ criticize　キ cut　ク ignore　ケ learn　コ makes
サ partner　シ quiet　ス rude

やはり空所補充だが，選択肢を与えている例である。空所の数よりも選択肢を１つ多くして（ケ learn）ある。このような，一度教科書で扱った教材でのテストの場合，錯乱肢を作成する際に，教科書に一度も出てこない語を使用するのは賢明ではない。「この単語は見た覚えがない」というだけで除外されてしまう可能性がある。そうでなく，語自体は別の個所に出てきているもの（この場合の learn はこのパッセージの上のほうに使われている）で，空所には当てはまらないものをもってくるのがコツである。

実は，このことは選択肢を与える形式とも関わる。この例では，12個所の空所に対する選択肢をまとめて13個（ア～ス）与えているが，これは熟達度テストの場合は決して望ましくはない形式である。多肢選択の場合は，あくまで１つの項目（空所）に対してそれぞれ３～５個の選択肢を設定するのが基本である。そうでないと難易度のコントロール等が極めて困難になる。適切な錯乱肢を創出するのが面倒だという理由でよく利用されている形式だが，よろしくない。項目によっては事実上の錯乱肢がなくなってしまったり，逆に全く無関係の選択肢まで検討しなければならずに混乱を招くこともある。その結果得点の信頼性が低くなることが考えられる。

しかし定期テストの場合には事情が異なる。ひとつひとつの空所に対して４つの選択肢（１つの正解と３つの錯乱肢）を与えても，錯乱肢の語自体が本文に使われていないと，「こんな単語は見た記憶がない」というだけで選ばれない，ということになる。よって，定期テストの場合には，このように正解をまとめて語群にし，それに１つか２つの錯乱肢を加えておくほうがむしろよい。なお，語群はアルファベット順に配列するのが親切であり，得点の信頼性につながる。

ただし，まとめた場合の語群に含まれる数が余りも多くなるといかにアルファベット順でもよろしくない。上の例は13だが，適正数のほぼ上限であろう。空所が数十にもなる場合には，パッセージをいくつかに分割したうえで，それぞれの部分に対する語群を設定するほうがよい。

【パタン３】 空所補充（変化形選択肢あり）

次の文章の(1)〜(7)には，ア〜キの語の変化形が入ります。それぞれの場所に入るべき語（適切な形に直したもの）を書きなさい。

You can learn a lot about people from the way they drive a car. Driving makes some people very (1). Even (2) people can become very (3) once they are behind the wheel. Those who are inside cars are cut off from the outside world, so they can (4) ordinary (5) rules. They shout and make rude gestures in cars because nobody will (6) them for their bad (7). The best way to find out what your future partner can really be like is to ask him or her to take you for a drive.

ア aggression　イ behave　ウ compete　エ criticism
オ ignorance　カ quietly　キ society

選択肢として空所に入る語の変化形を与えておく形式である。授業中に変化形に言及している，もしくはこのような形式を予告しておくことが前提である。

【パタン４】 品詞の変異の訂正

次の文中では，７個所，語の形（品詞）が本来と変わっています。(1)形が変わっている語を指摘し，(2)本来の形を書きなさい。

You can learn a lot about people from the way they drive a car. Driving makes some people very compete. Even quietly people can become very agression once they are behind the wheel. Those who are inside cars are cut off from the outside world, so they can ignore ordinarily society rules. They shout and make rudely gestures in cars because nobody will criticism them for their bad behave. The best way to find out what your future partner can really be like is to ask him or her to take you for a drive.

（解答は章末）

このように，どの部分の品詞が変わっているかを検知することからタスクに含めると，難度が高くなる。なお変化形は，quiet ↔ quietly など，実際にトラブルスポットになりやすいものを極力取り上げていることに注意していただきたい。

【パタン5】 英文中の単語を和訳を頼りに復元

次の文章の中で日本語にあたる英単語を書きなさい。

You can learn a lot about people from the 様子 they drive a car. Driving makes some people very 競争的. Even quiet people can become very 攻撃的 once they are behind the ハンドル. Those who are inside cars are cut off from the outside world, so they can 無視する 普通の social rules. They 叫ぶ and make 無礼な gestures in cars because nobody will 批判する them for their bad 行い. The best way to find out what your 将来の partner can really be like is to ask him or her to take you for a drive.

筆者が以前から「**置換モード**」と読んでいる状態の日本語交じり英文である。2-3節の中学2年生用定期試験問題の修正で「和訳と英文脈による再生」として紹介した触れた形式のディスコース版ともいえる。このような置換モード英文を用いて，日本語を英語に置換しながら通常の英文として音読する練習は，特に下位の生徒がいる場合には有効なトレーニングである。それをそのままテストにするとこうなる。

【パタン6】 大きな単位の空所補充

次の文章の［1］〜［5］に入る最も適切なものをア〜カから選びなさい。

You can learn a lot about people from the way [1]. Driving makes some people very competitive. Even [2] once they are behind the wheel. Those who are inside cars are cut off from the outside world, so [3]. They shout and make rude gestures in cars because [4] for their bad behavior. The best way to find out [5] is to ask him or her to take you for a drive.

ア they can ignore ordinary social rules
イ they can be very dangerous
ウ they drive a car
エ quiet people can become very aggresive
オ nobody will criticize them
カ what your future partner can really be like

同じ空所補充でも今度はより大きな単位を問題にした。空所にしているのはすべて節であり，文法的には1つの空所に複数の選択肢が入る可能性がある。空所の数より選択肢の数を多くするため，イ they can be very dangerous を補っている。内容的にはどこかにあっておかしくないような錯乱肢である。

【パタン7】 文章中の語と定義のマッチング

次の意味で使われている語を，下の文章から抜き出しなさい。

ア behaving in an angry, threatening way
イ a round thing that a person turns to make a car go in a particular direction
ウ to deliberately pay no attention to
エ usual
オ not usually talking very much
カ movements of your arms, hands or head that show how you feel
キ not wanting to lose; not wanting to fall behind other people
ク to blame; to express disapproval of
ケ to say something very loudly

You can learn a lot about people from the way they drive a car. Driving makes some people very competitive. Even quiet people can become very aggresive once they are behind the wheel. Those who are inside cars are cut off from the outside world, so they can ignore ordinary social rules. They shout and make rude gestures in cars because nobody will criticize them for their bad behavior. The best way to find out what your future partner can really be like is to ask him or her to take you for a drive.

第3章で紹介した英語定義を刺激とするパタンの定期テスト版といえる形式である。もちろん，このような発問，活動を普段の授業のティーチング・ポイントとしていることの反映としての出題である。逆に，このような出題をするなら授業中にもこのようなタスクを課すべきである。

【パタン8】 余分な語の検知

次の文章は，すべての文に不要な語が1つずつ挿入されています。各文についてその不要な語を指摘しなさい。

You can learn a lot of about people from the way they drive a car. Driving makes some people are very competitive. Even if quiet people can become very aggresive once they are behind the wheel. Those who are inside cars that are cut off from the outside world, so they can ignore ordinary social rules. They shout and make out rude gestures in cars because nobody will criticize them for their bad behavior. The best way to find out what kind your future partner can really be like is to ask him or her to take you for a drive.

（解答は章末）

余分な語を挿入しておき，それを検知させる形式である。どのような語をどのような場所に挿入するかによって難易度の調整ができる。上の例のように，どのようなパッセージにあってもおかしくない機能語を中心に挿入すれば難易度は上がる。次のようにパッセージの主題と無関係な内容語を挿入すれば難度は下がる。

You can learn a lot computer about people from the way they drive a car.

また，機能語であっても，次のように，明らかにありえない位置に挿入すれば難度は下がる。

You can learn a lot about people from the of way they drive a car.

出題例のように，局所的な文脈ではあり得ないこともない（前のあるいは後ろの１語とは共起することもある）ような位置に挿入すると最も難度が上がる。a lot of . . . / . . . people are very competitive . . . / Even if quiet people can . . . / . . . cars that are . . . / . . . make out . . . / what kind . . . はいずれもあり得る表

現である。本当に意味と形式を一致させていないと正解できない。

このような問題が出ることを前もってわかっていれば,「なんとなく」わかっているだけではダメで,「きちんと」読み込んでおかねばならない,と生徒に思わせ,そのような準備をさせることができる。

【パタン9】 削除された語の本来の位置の指摘

次の文章からは,ア〜キの語が削除されています。それぞれの語が本来どこにあったのか指摘しなさい。(本来あった位置に戻した場合に,その前と後に来る語を書くこと。)

ア because　イ even　ウ who　エ like
オ what　カ the　キ once

You can learn a lot about people from way they drive a car. Driving makes some people very competitive. Quiet people can become very aggresive they are behind the wheel. Those are inside cars are cut off from the outside world, so they can ignore ordinary social rules. They shout and make rude gestures in cars nobody will criticize them for their bad behavior. The best way to find out your future partner can really be is to ask him or her to take you for a drive.

これは筆者が「**どこにあったのテスト**」と呼んでいる形式で,実は現在最も頻繁に利用しているものである。頻繁に利用している理由は,(1)どのような題材にも利用でき,(2)作成が手軽で,(3)採点が手軽で,(4)波及効果がよい,と4拍子そろっているからである。

「作成が手軽」と書いたがコツはある。このテストは,「意味を理解しながらきちんと読んでいると抜けている語があることに気づく」ように語を削除する必要がある。よって，削除された結果，文法／語法的にあり得ないか，あるいは文法／語法的にはあり得るが意味的にあり得ないか，のどちらかでなければならない。例えば，次のような削除はよろしくない。パッセージのみを読んでいても何かが足らないと感じないからである。

Driving makes some people competitive.（very を削除）
Driving makes people very competitive.（some を削除）
People can become very aggresive once they are behind the wheel.（Quiet を削除）
Quiet people become very aggresive once they are behind the wheel.（can を削除）

次のような削除ならば，意味理解をともなって読んでいるリーダーなら必ず「変異」に気づく。

Driving some people very competitive.（makes を削除）
Driving makes some people very.（competitive を削除）
Quiet people can become very aggresive they are behind the wheel.（once を削除）
Quiet people can become very aggresive once they are behind wheel.（the を削除）

最後の冠詞（the）を削除した例は，やや高度な能力を tap すると思われる。このように，どの語を削除するかによって，同一のパッセージを使っても難易度の大きく異なる問題にすることが可能である。

採点は手軽である。解答用紙は次のようにしておくとよい。解答は印刷してある語の右と左に記入させる。

because	even
like	once
the	what
who	

【パタン10】 移動した語の検知

次の文章の各文の中では，１つの語の位置が本来あるべき位置から移動しています。それぞれの文について，(1) 移動している語を指摘し，(2) その語が本来あるべき位置を指摘しなさい。

You can learn a lot about people from the they drive a car way. Driving some people makes very competitive. Even quiet people can become very aggresive once they are behind the wheel. Those are inside cars who are cut off from the outside world, so they can ignore ordinary social rules. They shout and make them rude gestures in cars because nobody will criticize for their bad behavior. The best way is to find out what your future partner can really be like to ask him or her to take you for a drive.

これは「余分な語の検知」と「削除された語の復帰」の両方を一度に行う，最も難度の高い形式である。この例では語の移動はセンテンスの内部に限っているが，センテンスの境界を越えて語を移動させることもでき，そうするとさらに難度が高くなる。

【パタン11】 文を単位とした並べ替え

次のア〜カは，１つのパラグラフ内の文の順序を変えたものです。ただしアは最初です。元の順番に関して，次の記号を答えなさい。

(1) アの後に来るもの。
(2) イの次に来るもの。
(3) ウの次に来るもの。
(4) エの次に来るもの。
(5) オの次に来るもの。
(6) カの次に来るもの。
(注：後に来るものがない場合は「なし」と書きなさい。)

ア You can learn a lot about people from the way they drive a car.
イ They shout and make rude gestures in cars because nobody will criticize them for their bad behavior.
ウ The best way to find out what your future partner can really be like is to ask him or her to take you for a drive.
エ Those who are inside cars are cut off from the outside world, so they can ignore ordinary social rules.
オ Even quiet people can become very aggresive once they are behind the wheel.
カ Driving makes some people very competitive.

文を単位とする並べ替え問題である。この問題形式にする場合は，パラグラフ内の文の配列がかなり必然性が高く，かつ結束性が高いのが条件である。逆にそのようなパラグラフはこの形式に適している。この driving パラグラフの場合，実はこの形式はやや無理である。実際にやってみていただきたいが，オリジナルの順番が唯一のものとはならないようだ。あくまで問題形式のサンプルとして提示した。

解答させる方法にも注意したい。解答欄を単純に

ア ⇒	⇒	⇒	⇒	⇒	

としておくと，部分的には正しい解答に対応するのが大変である。正解はアカオエイウなので，例えばウアカオエイという解答は，アイウカオエに比べて正解に近い。またそのアイウカオエも，アウイエオカという解答に比べればはるかに正解に近い。これらが出てくる度に悩むのは時間がかかるし，かといって，「ええい面倒だ，全部できていてマルにしよう！」というのでは，せっかく部分的にはできている生徒がかわいそうである。

上に示したような，「～の後に～が来る」というペアごとに採点する「**順番ペア採点法**」ならば，中間点を適切に出すことができる。これで採点して6項目の合計点を出してみると，アカオエイウ（正解）は6点，ウアカオエイは4点，アイウカオエは3点，アウイエオカは0点であり，見事に順番に並ぶ。

語を単位とするのでなく，このような大きな単位を並べ替える作業には比較的長い時間とさまざまな心的操作が必要になるはずである。そのような場合，「全部合って6点」とするのでなく，このように「1つ1点の項目が6つ」とするほうが，得点の信頼性が高くなる。

【パタン12】 語を単位とした並べ替え

次の文章の下線部は語の順番が変えてあります。元の順番に並び替えて書きなさい。

You can learn a lot about people from ₁they drive a car the way. Driving ₂some people very competitive makes. Even quiet people can become very aggresive ₃they are wheel once behind the. ₄Those cars are inside who are cut off from the outside world, so they can ₅social ordinary rules ignore. They shout and make rude gestures in cars because nobody will ₆for their bad behavior them criticize. The best way to find out $_7$like your future partner really can be what is to ask him or her to take you for a drive.

語を単位とした並べ替えである。このレベルの並べ替えの場合には，前の形式のような細かい部分点を出すには及ばないであろう。並べ替えさせる部分としては，1 の the way ..., 2 の makes ... competitive, 3 の once ... 等の特に語順が問題となる個所を選んでいることに注意していただきたい。また，ただ順番をランダムにしたものを提示しているのではなく，

彼らが＋車を運転する＋仕方
they＋drive a car＋the way

ある人々を＋とても競争的に＋する
some people＋very competitive＋makes

のように，日本人が発想する語順に並べていることにも気づいていただきたい。こうすることで，和文を想起して，それを適切に英語に変換できるかどうかを tap しているのである。このような並べ方，つまりミクロレベルのセンスグループはある程度保った並べ方をしているので，7 のように並べ替える要素（語）が 8 つもあるものでも，それほど無理なタスクにはなっていない（通常は並べ替える部品が多すぎるのはよろしくない。せいぜい 5 つか 6 つくらいでないと，英語力と関係のない部分の負担が増える)。

また，空所補充の時と同様，わざわざ労力を使って

You can learn a lot about people from ① [ア the イ they ウ drive エ a オ car カ way]. Driving ② [ア makes イ

very competitive ウ some エ people]. Even quiet people can become

などとミニククする必要はないし，「2番目と4番目の記号を書きなさい」などとしないほうがよい。このように記号をつけると表面的にミニクイだけでなく，受験者に与える英語力と関係のない面での心理的な負担が大きくなる。このような形式だと，受験者の行動としては，おそらく問題用紙の欄外に，「アカイウエオ」とまず書く。その際，選択肢で使っていないものがないかどうか確かめるために，本文中の選択肢の記号をひとつひとつ斜線で消す几帳面な生徒もいるだろう。その上で，今度はその欄外の「アカイウエオ」の2番目と4番目のカとウにマルをつける。そして今度はそれを間違えないように解答用紙に「カ・ウ」と転記するだろう。どの段階で英語力と関係のないミスが起こっても不思議はない。そして記号の特徴として，ミスが分かりにくいということがある。英語をそのまま解答欄に書くなら the way they drive と書くつもりで the they way drive と書いてしまう可能性はかなり低いが，アカイウと書いたつもりでアイカウと書いてしまう，という類のケアレスミスは十分あり得る。興味のある英語力以外の部分でのミスや誤解が起こることを可能な限り防ぐよう配慮することが必要なのである。それに，記号を書くという行為からは，何も学ぶことがないが，英語をそのまま書くならば，その解答用紙に英単語を，英語の表現をその時書き付ける，という作業自体が学習になりうるではないか。

マークシートで処理せざるを得ないような状況ではあるまいし，自分の普段教えている生徒に受けさせる定期テストくらい，多少採点に手間がかかっても記号でなく英語を書かせようではないか。

記号の答案からは（そのままでは）何も読み取れないが，英語を書かせてある答案からは，生徒の誤解や誤りのパタンが直接読み取れる，というメリットもある。

【パタン13】 内容的な変異の検知・訂正

次の文章には6個所，内容的なおかしな部分があります。(1) おかしな個所を指摘し，(2) おかしくないように訂正しなさい。

You can learn little about people from the way they drive a car. Driving makes some people very quiet. Even quiet people can become very aggresive once they are behind the wheel. Those who are outside cars are cut off from the outside world, so they can't ignore ordinary social rules. They shout and make rude gestures in cars, so nobody will criticise them for their bad behavior. The worst way to find out what your future partner can really be like is to ask him or her to take you for a drive.

（解答は章末）

文法的には正しいが内容的におかしな部分を埋め込んでおき，それを検知，訂正させるという形式である。訂正のことを考えると，1語かせいぜい2語を別の語に換えておくことで変異をつくりだすのがよい。生徒が意味をきちんと把握しながら読んでいれば明らかに変異に気づくように，反対語（competitive ⇔ quiet; outside ⇔ inside）や，肯定／否定（can ⇔ can't），逆の関係を示すつなぎ言葉（because ⇔ so）を利用するのが，変異を作り出す際の定石である。

なお，章末の解答例にも示したが，訂正の際，オリジナルの語と全く同じでなくともそれなりに acceptable な語は正解として

（あるいはそれに準じて）扱うことを忘れてはならない。そうしないと丸暗記テストになってしまう。

【パタン14】 形式上の変異の検知・訂正

> 次の文章には文法，語法上の誤りが7個所あります。それぞれ指摘し，訂正しなさい。
>
> You can learn a lot about people from the way they drive a car. Driving makes some people very competitively. Even quiet people can become very aggresively once they are behind wheel. Those who inside cars are cut off from the outside world, so they can ignore social ordinary rules. They shout and make rude gesture in cars because nobody will criticize them for their bad behavior. The best way to find out what your future partner can really like is to ask him or her to take you for a drive.

（解答は章末）

こちらのほうは，内容上のでなく形式上の変異を埋め込んだものである。文法／語法ミスも，起こりそうもないものを適当に創作したのでなく，品詞の取り違え，冠詞の欠落，名詞の単数複数の混同，形容詞の順番のミスなど，日本人学習者なら生成しそうな表現ばかりであることに注意してもらいたい。

このパッセージは基本的に現在時制で書かれているので扱っていないが，過去の出来事に関する narrative が題材であれば，時制に絡めて変異を設けることもよいだろう（パタン22参照）。

このような問題の1バージョンを「予想問題」として配布しておいて生徒の意識を高め，本番ではパラレルな別バージョンを実施する，という方法も効果的である。

【パタン15】 パラフレーズの空所補充

［ A ］とほぼ同様の内容を別の表現で書いたものが［ B ］です。（　　　）に入る語を答えなさい。

［ A ］ You can learn a lot about people from the way they drive a car. Driving makes some people very competitive. Even quiet people can become very aggresive once they are behind the wheel. Those who are inside cars are cut off from the outside world, so they can ignore ordinary social rules. They shout and make rude gestures in cars because nobody will criticize them for their bad behavior. The best way to find out what your future partner can really be like is to ask him or her to take you for a drive.

［ B ］ When you (s　　　) people (　　　) a (　　　), you can find out (w　　　)(　　　)(　　　) really like. Some people (ch　　　) greatly the (m　　　) they begin to (　　　). When people are (　　　), they are in a world (s　　　) from the (o　　　). That is (　　　) drivers do things they will (　　　) do when they are not driving. (I　　　) you (　　　) to fully (u　　　) your boyfriend/girlfriend, ask him or her to take you for a drive.

（解答は章末）

本文の内容を別の表現で書いたものを用いた空所補充である。一文一文が必ずしも対応していないことに注意していただきたい。また極力機械的な「書き換え」は避けている。テスティング・ポイントがすなわちティーチング・ポイントだとするならば，このような定期テスト問題からは，英語を英語で説明する練習を普段からしている授業風景が見えてくる。

【パタン16】 英文英説明

下線部の文1～4の意味を，自分の英語で書きなさい。

1 You can learn a lot about people from the way they drive a car. Driving makes some people very competitive. 2 Even quiet people can become very aggresive once they are behind the wheel. 3 Those who are inside cars are cut off from the outside world, so they can ignore ordinary social rules. They shout and make rude gestures in cars because nobody will criticize them for their bad behavior. 4 The best way to find out what your future partner can really be like is to ask him or her to take you for a drive.

（解答は章末）

文の意味を尋ねるにはこの形式が最も望ましいことは第2章の提言1で詳しく論じた通りである。このようなテストはこのような練習をする授業の裏返しであって，そのような授業は必ず英語力がつく授業である。

採点が気になるところだと思うが，だいたい良ければ2，かなりダメなら1，全く意味不明か白紙なら0，くらいの大雑把な3段階で十分である。この形式は，まずやらせることに意義がある。

【パタン17】 語の意味とのマッチングと空所補充の組み合わせ

次の文章の(1)～(9)には，ア～コの意味の語が入る。(1)～(9)の空所にそれぞれア～コのどれが対応するか指摘し，その上でその語を書きなさい。

You can learn a lot about people from the way they drive a car. Driving makes some people very (1). Even (2) people can become very (3) once they are behind the (4). Those who are inside cars are cut off from the outside world, so they can (5) (6) social rules. They (7) and make rude (8) in cars because nobody will (9) them for their bad behavior. The best way to find out what your future partner can really be like is to ask him or her to take you for a drive.

ア to blame; to express disapproval of
イ movements of your arms, hands or head that show how you feel
ウ to say something very loudly
エ usual
オ to deliberately pay no attention to
カ a round thing that a person turns to make a car go in a particular direction
キ behaving in an angry, threatening way
ク not usually talking very much
ケ not wanting to lose; not wanting to fall behind other people
コ a trip in a car

(解答は章末)

語の英語定義と，文章中の空所補充を組み合わせた形である。小テストでの「定義を刺激とするパタン」(パタン8， 9，10)の延長線上にある問題形式である。この形式で出題されると予測するなら，(1)語の文脈に注意をはらい，かつ(2)英語での定義，説明をも習得しようとするわけで，波及効果は非常によいといえる。採点はもちろん空所補充と定義マッチングを独立して行うべきであり，上の例だと2×8＝16項目の大問となる。なお，選択肢コは“drive”にあたる余分な錯乱肢である。

定義だけで再生させるのが難しすぎると思うならば，それぞれの定義に付け加えて，“Begin with a ‘c’.” などと語頭情報を与えておけば難易度調整ができる。

【パタン18】 定義とのマッチングと削除された語の検知の組み合わせ

次の文章からは，５つの語が削除されています。それらの５つの語は，ア～オの意味を持っています。
(1) ア～オにあたる語を書きなさい。
(2) それらの語が，文章中のどこに入るべきか指摘しなさい。（文章中にもどしたとき，その前と後にくる語を書きなさい。）

You can learn a lot about people from the way they drive a car. Driving makes some people very competitive. Even quiet people can become very once they are behind the wheel. Those who are inside cars are cut off from the outside world, so they can ordinary social rules. They and make rude in cars because nobody will them for their bad behavior. The best way to find out what your future partner can really be like is to ask him or her to take you for a drive.

ア to blame; to express disapproval of
イ to deliberately pay no attention to
ウ behaving in an angry, threatening way
エ to say something very loudly
オ movements of your arms, hands or head that show how you feel

こちらは定義マッチングと，削除された語の検知の組み合わせである。

ただし実際に作ってみるとわかるが，英語定義を問題にするのが適当な語と，削除された語の検知で扱うのが適当な語が必ずしも一致しない場合があるので，その場合は組み合わせにしないほうがよいだろう。

4 その他の題材による問題例

前節では，drivingパッセージを例として，ある程度まとまった長さの既習の教材をそのままテスト問題化する18のパタンを紹介した。以下では，その他の題材を用いた，さらに別の形式を紹介する。すべて過去に筆者が実際に高校，高専，大学で定期試験の一部として作成実施したものに基づいている。

【パタン19】 対訳を利用した空所補充

次は「雪国」(川端康成) のサイデンステッカー訳の一部です。下の原文を参考にして，(　) に入る語を書きなさい。

“The girl”— something in her manner suggested the unmarried girl. Shimamura of course had no way of being sure what her (1) was to the man with her. They (2) rather like a married couple. The man was clearly ill, however, and illness (3) the distance between a man and a woman. The more (4) the ministrations, the more the two come to seem like husband and wife. A girl (5) care of a man far older than she, for all the world like a young mother, can from a (6) be taken for his wife. But Shimamura in his mind had cut the girl off from the man with her and decided from her general (7) and manner that she was (8).

しかし，ここで「娘」と言うのは，島村にそう見えたからであって，連れの男が彼女のなんであるか，無論島村の知るはずはなかった。二人のしぐさは夫婦じみていたけれども男は明らかに病人だった。病人相手ではつい男女の隔てがゆるみ，まめまめしく世話をすればするほど，夫婦じみて見えるものだ。実際また自分より年上の男をいたわる女の幼い母ぶりは，遠目に夫婦とも思われよう。島村は彼女一人だけを切り離して，その姿の感じから，自分勝手に娘だろうと決めているだけのことだった。

（解答は章末）

高校教員時代の定期試験の一部である。サイデンステッカーの英訳と川端の原文，それにパロディー作家清水義範の「スノーカントリー」（『江勢物語』（角川文庫）所収）の３つを照らし合わせる授業をしていたのに対応して作成したものである。

残念ながら検定教科書には現れないが，巷にはさまざまなジャンルの対訳教材が溢れている。対訳を与えてどんどん読み進むのは最も効率のいいリーディング指導の形の１つである。対訳を与えておけば，意味理解はほとんど済んでいるものとして，日本語と英語が対応しにくいトラブルスポットの手当てと，その英語を使った活動に集中できるからである。逆説的だが，対訳を配っておくと，いわゆるオールイングリッシュの授業が極めてやりやすくなるのである。

この話をすると大概の場合，「私はいいのですが，同僚が対訳を配られては困る，と言うのでうちの学校では絶対無理です」という反応が返ってくる。しかし事前に対訳と練習問題の答えが配布してあると授業ではもうそれ以上やることが無くて困る，という教員こそが困ったものだ。日本語による応答ばかりを求める授業をしている動かぬ証拠である。その意味で，対訳配布を拒むか否かが授業内容の１つの試金石となる。

書いてある英語を自分なりの英語で説明するという作業を基本とする授業なら，対訳があっても困らないどころか，生徒の理解が保証されてかえって大歓迎である。また，練習問題の正解がaだとかbだとか生徒がわかっているならば，その内容を自分の英語で説明させればよいのである。そうすれば，練習問題の解答確認の場面が単なる「答え合わせ」ではなくコミュニケーション訓練になる。

話がティーチングに深入りしてしまったのでテスティングに戻ると，対訳教材をテスト問題化する場合，決して日本語のほうに空所を設けてはならない。そんなことをすれば「目標は和文に到達することだ」という有害なメッセージを発することになる。逆に必ず英文のほうに空所を設けるなら，「和文はあくまで意味理解のための手段であり，目標は英文自体を理解して習得することだ」という有益なメッセージを発し，日頃の学習に対してプラスの波及効果を与えることになる。

【パタン20】 自分たちが書いた文のエディティング

次の文をよりよいものにしなさい。

1. I hope she finds a new boyfriend.
2. I and my friends are very busy.
3. I can't go to there because I am busy.
4. I like reading a book.
5. I like listening rock music.
6. My most hate sport is long-distance running.
7. Singing my favorite songs is as happy as listening to them.

(解答は章末)

これはライティング力の一側面をtapすることを狙ったものである。「誤文訂正」というくくりで見ると，すでに紹介した，パッセージの「形式上の変異を指摘・訂正させる」と類似に感じられるかもしれないが，その内容は全く異なる。先のパッセージに基づく誤文訂正問題は，「既習の題材は形式に注意を払って身につけるべし」というメッセージを発するためのもので，どちらかといえばリーディングの領域のものとして意図されていた。それに対してこちらは，自分で書くときに文法知識を**手続き的知識**(procedural knowledge) として使い，モニターしながらエディットする能力に関わるものである。

ライティングとは，1度書いたものを何度も見直しながら，文法語法上の誤り，表現上の稚拙さ，構成上の不明瞭さ等をなくし，徐々によりよいものにしてゆく**繰り返しの過程** (cyclical process) である。スピーキングとの最大の違いの1つは，自分がいったん生成したプロダクトをモニターする時間があることであり，その時間を利用して自分の書いたものをよりよく修正する(edit) よう試みる局面は，ライティング授業のルーティーンとして位置付けられるべきものだ。

その1つの手法として，**学習者同士によるエディティング**(peer editing) がある。この究極の目的は「他人の振り見て我が振りなおせ」である。実際の授業では純粋なペアワーク，グループワークの他に，生徒が書いたものの中から教師が典型的な誤りや稚拙表現を取り出して黒板に板書し，それを生徒全体とのやりとりの中でエディットしてゆく，という形態も多い。筆者がそのようにして扱った誤りや稚拙さを含んだ英文（および類似の英文）を，そのまま問題化したのがこれである。つまり題材の英文もインプットのために用いた教材ではなく，生徒が実際に書いたものである（ただしそれぞれ，ポイントを明確にするために多少整形してある場合もある)。これもティーチング・ポイントとテスティング・ポイントが完全に一致している例である。

【パタン21】 教科書本文の一部の要約

> 次のテーマに関してそれぞれ約50 words で説明せよ。
>
> (1) アメリカのハロウィーンの夜の習慣
> (2) アフタヌーン・ティー

これらはその時点で用いていた高校検定教科書の内容に対応したテーマである。授業では，ある程度まとまった部分の理解が達成された段階で，必ずその部分を口頭で要約，説明するという活動を行っていたが，それを書かせる形でテスト問題化したものである。

問題文はこれだけで，教科書持ち込みではないので，内容自体を覚えていることが要求される形式で，当然，このままの形で事前に予告しておいた。ただし実際に出題されたこの 2 題に加えて，結局は出題しなかったもう 2 題の計 4 題を予告しておいた。

物語などのフィクションであれば，内容を記憶させて書かせるのはいかがかと思うが，このようなノンフィクション物であれば，内容自体を一般常識として覚えることを求めてもよろしいと考えている。ハロウィーンの行事，アフタヌーン・ティーの習慣を簡単に説明できるようにしておいて損はない。

しかし今になって考えて見ると，（教科書の内容がそうでなかったので致し方ないが）日本の大晦日の行事，茶の湯の作法を説明できるようにしたほうがよほど良かったと思われる，ということはある。

【パタン22】 本文の時制の変異の検知

次の文章中に，本来は過去完了であった動詞が2つある。その動詞を指摘し，前後も併せて本来の形に直しなさい。

I was certain I saw it under her dress. Before she could reach it with her hand I slapped it as hard as I could. I thought surely she would laugh as she always did when somebody strawberry-slapped her, but this time she did not laugh. She sat down quickly, hugging herself tightly. I then realized something was wrong. She looked up at me and there were tears in her eyes. I fell on my knees beside her. I slapped her breasts.

（解答は章末）

先にあげた「形式上の変異を検知させる」パタンの一種であるが，過去の出来事に関する narrative なので，時に関わる動詞の形，特に過去形と過去完了の使い分けにテスティング・ポイントを絞った例である。すべて過去形にして，その中から過去完了にすべき個所を指摘させる形だが，逆に過去完了を使い過ぎている文章を示して，不必要な部分を過去形に直させるものでもよかった，と思われる。

【パタン23】 文整序と談話整序の組み合わせ

ア～カは The Strawberry Season からの抜粋である。

(1) ア～カそれぞれの下線部を適切に並べ替えなさい。
(2) ア～カを，物語の順番に並べ替えなさい。

ア <u>what was I knowing hardly doing</u>, I hugged her tightly in my arms and kissed her lips for a long time.

イ Believing that I was several rows away, she thought bug fallen down that it a had was the opening of her dress.

ウ Another thing fun we lot out had a of of was what we called "strawberry slapping."

エ Early in the spring when the strawberry began to ripen, everybody went from place to place gather helping farmers the them.

オ Fanny was a fast picker and it was keep could do I all with up to her.

カ We did not being other the long as as mind there no one else came.

（解答は章末）

センテンスの内部の並べ替えと，センテンスの並べ替えの併せ技である。併せ技であるが，それぞれ独立して採点する。物語文が教材の場合はこのような形式もおもしろいのではないだろうか。話のいくつかの場面から文を取り出してランダムに提示し，その上で，文の内部でも語順を替えた。

もちろん話の展開を覚えていることを前提としているが，それほど細部を問題にしているわけではなく，意味を理解しながら読んだ者なら自然に覚えている程度のことを問題にしているので，許容範囲であると考える。これも，特定の授業内容に依存するアチーブメントテストならではの問題形式である。やはり，このような形式で出題することは予告しておいた。

【パタン24】 英文の英説明

Explain the meaning of the following sentences, as if you are talking, rather than writing. AVOID using the original wording whenever possible. (Write on the Answer Sheet.)

1. A scientist and an engineer by education, he was highly skeptical at first.
2. Penalties for causing a severe fire can be as high as life imprisonment.
3. The introduction of DDT seemed to signal the end of the malaria-carrying mosquito.
4. Americans educate so many more people at universities that one can't expect all those who go to be either as well informed or intelligent as the much narrower band who go to English universities.
5. The discontent and the fact that the new nation was extraordinarily weak without an adequate army or navy made thoughtful people realize that a better government must be worked out if the United States of America was to be a strong and rich nation.

（解答は章末）

先に driving パッセージでも取り上げた英文英説明問題だが，英文のレベル（こちらは大学の定期試験で出題した）と，出題形式（こちらは１～５のそれぞれが，別々の article からとった独立の英文で，ご覧のように文脈は再掲していない）が異なる。それぞれの文が現れていた文脈は授業の中で扱っているわけであるし，しかもここで問題として取り上げている文はいずれも理解に特に文脈を必要とするものではない。よって，英文英説明問題は，このように，上で述べた「細切れ問題」の１つとして出題することも可能なわけである。

ちなみにこれらのパラフレーズ作業は授業で行っている。このときは実際にはそうしなかったが，こうして出題する文を予告しておいてもよい。その場合，予告の段階では実際に出題する２倍程度の数の文を指示しておくとよいだろう。このくらい長い文になっても採点は 0/1/2の３段階で構わない。

【パタン25】 長い文の並べ替え

次は Earl Spencer の弔辞からの抜粋である。１および２に続く部分を正しい語順に直して書きなさい。

1. We have all despaired at our loss over the past week and only the strength of the message . . .
   ア through your years of giving
   イ you gave us
   ウ has afforded us
   エ to move forward
   オ the strength

2. But your greatest gift was your intuition, and it was a gift you used wisely. This is what underpinned all your other wonderful attributes, and if we look to analyse . . .
   ア we find it
   イ for what was really important
   ウ that had such a wide appeal,
   エ what it was about you
   オ in your instinctive feel
   カ in all our lives

（解答は章末）

これは語句を単位とする並べ替えを，パッセージから切り離した細切れ問題として作成した例である。ダイアナ妃が事故死した時の兄 Earl Spencer の弔辞を投げ込み教材として高専で扱ったのだが，その中で特にセンテンスが長く構文の意識が大切と思われた部分をあえて並べ替えにしたものである。

並べ替えの単位はみなそれなりに意味のあるチャンクであることに注意していただきたい。解答を1つに決めるために，意味の切れ目と違う部分で切るのは，望ましくないであろう。

実際に頭の中で並べ替えていただければ感じると思うが，このようなタスクで求められる心的操作，すなわち，意味のチャンクを次々にワーキングメモリの中に「保持」しながら新しいチャンクとの関係を「処理」してゆく操作は，実際に長いセンテンスを読む際の心的操作とかなり近いと思われる。実験をしてみないと確かなことはいえないが，このような操作を成功裏に行う能力と，最初から与えられているこのくらい長い文をうまく処理する能力とでは，tap する部分が比較的近いのではないかと筆者はにらんでいる。

【パタン26】 長い文の並べ替えと英説明の組み合わせ

正しく並べ替えて全文を書き，その上で，意味を自分なりの英語で説明しなさい。(順番が合っていないと，説明は採点しません。)

(1) One
and who willingly accepts
who breaks an unjust law
of the community over its injustice,
in order to arouse the conscience
that conscience tells him
the highest respect for law.
is unjust,
is in reality expressing
the penalty of imprisonment

(2) It is my hope
he will plunge
even deeper
into the quest for freedom and justice
that as
into the philosophy of non-violence.
the Negro plunges deeper

(解答は章末)

こちらはMartin Luther King, Jr. の語録からである。やはり高専時代の定期テストである。並べ替えと，英説明を組み合わせた。

【パタン27】 口頭刺激での，語再生

Write down the words the examiner describes orally.

1	2	3	4
5	6	7	8
9	10	11	12
13	14	15	16

これはある意味で作成が最も簡単なテスト形式である。つまり小テストの章で扱ったような定義や文脈等のなんらかの刺激を試験監督である教師がその場で与えることにより，特定の語を書かせるものである。立派に定期テストの問題としても通用する。また，このような定期テスト問題をいつも出すことが分かっていれば，生徒は日頃の小テストにもさらに真剣に取り組むようになる。

5 範囲が長いテスト

定期テストとは通常，直前の定期テストが終了した以降の授業を範囲として出題される。２学期期末であれば，２学期中間テストが終了してから２学期期末テストが始まるまでの授業でカバーした範囲が通常は問題とされる。時には２学期末テストが２学期中間テストの範囲をも含む場合もあるようだ。しかし２学期末テストが１学期に学習した範囲を含むことはまれである。なぜであろうか。

俗に「テストのために覚えたことなど，そのテストが終わればすぐ忘れる」と批判される。もしこれが本当であれば，２学期中間テストの時点では１学期に学習したことは消え，３学期末テストの時点では２学期の学習は無駄になってしまうことになる。実際にはそれほど極端なことは起こらないと思うし，仮に似たような状況があったとしても，それはテストという行為自体に内在する問題ではなく，原因は他に（例えば，個々のテスト問題のくだらなさや，それを作る教員の態度に）求められるべきである。

しかし，百歩譲ってそういう傾向があったとする。それならばそれを逆手にとって，テスト範囲を累積的に広くしてゆけばよいのではないだろうか。２学期中間では年度始めからそれまでに学習したすべてが範囲，３学期末もやはり年度始めから学習したすべてが範囲というように累積的に増やしてゆくのである。２年生の１学期中間は，１年時に用いた教科書すべてと２年のそれまでが範囲，というように，学年を越えて累積させてゆくことも不可能ではないだろう。

教科書の（ほぼ）１冊すべて，というような広い範囲を想定した問題パタンをいくつか提案する。この場合，通常通り，何も持ち込みを許さないパタン(closed-book)と，教科書自体を持ち込ませるパタン(open-book)の2つが考えられる。

【パタン28】 テキストの断片の出自の同定

次の1～6は教科書本文からの抜粋です。それぞれが下の6つのレッスンのどれの一部であったか略号で答えなさい。

1. ... expected the card to say "I love you." But there was just a ...
2. ... says an event early in his life was the starting point of his success.
3. ... they go to the original source of the procession, guided by ...
4. ... wanted to know what information these residents needed and what languages they could understand.
5. ..., it will also guarantee the balls are made under proper working conditions.
6. ... he said, "If you don't limit me to physics, there are many other answers. For example, ...

- Creative Thinking (CT)
- Easy Japanese (EJ)
- Child Labor in Asia (CLA)
- Ant Communication (AC)
- Beyond Communication Gaps (BCG)
- George Lucus (GL)

Genius English Course I（大修館）より（解答は章末）

1～6は，教科書のレッスン本文のどこかから切り取ってきたテキストの断片(fragments)である。下のCreative Thinking以下はレッスンタイトルである。この断片の意味が理解でき，レッスンの内容をある程度記憶しているものであれば，どのレッスンのテキストか判別することができる必要最小限の情報が得られるようになっている。切り取るべき断片の選定に当たっては，内容を理解しない単語レベルの機械的なマッチングを無効にするため，断片とタイトルの中で共通の語が使われる（例えば，“Easy Japanese”からの断片の中に non-Japanese という語が現れる等）のを注意深く避けている。

実際にはこれらのレッスン本文を読んだことのない本書の読者であっても，レッスンタイトルから想像できる内容で，断片ともマッチングが可能になるようにしてあるので，実際にやってみていただきたい。

もちろんこのような問題を出題することは前もって予告しておき，教科書全体を何度も読み返させることが狙いである。この項目が測るものは，これらの断片が理解できるかどうかと，本文の内容をどのくらい記憶しているか，である。

一応前提は，closed-book である。もしこれを open-book にするならば，タスクを少し変え，「これらの断片がある(1)レッスンの番号と，(2)ページ数を答えなさい」とする。こうすると，tap する能力が少し変わり，断片が理解できるかどうか，とスキミング＋スキャニング能力になる。スキャニングはよいとして，なぜこれがスキミング能力に関わるのであろうか。それはこのタスクをある程度の時間でこなすためには，機械的なスキャニング，つまりひとつひとつの断片について教科書の最初のレッスンから，あるいは1つのレッスンの最初から最後までマッチする部分を求めて機械的にテキストをスキャンするという手法では無理（非常に非効率的）だからである。まずどのレッスンであるかを決めたら，そのレッスンのテキストの流れをスキムしながらおよその見当をつけたうえでスキャンする，という手法が要求されるからである。

なお，どのレッスンであるかを選び，その上でページ数を答える，という2ステップにするのは，断片の意味は理解でき，どのレッスンかも特定できる程度には学習しているが，ページまでは特定できない学習者と，それさえも特定できない生徒を弁別するためである。

次は実際に勤務先の大学の定期試験として出題した問題である。このときのテキストは*International Herald Tribune*の記事を集めたものであった。こちらは本書のために作成した上の高校バージョンと異なり実際に出題したままなので，テキストの記事を読んでいない本書の読者には分かるはずのないものも含まれているが，記事のタイトルから推測のつくものもかなりあるだろう。

【パタン28】 の実際の出題例

From which article is each of the following sentences/fragments taken? Write G (George Eliot), D (Disney), S (Stone Age), W (Why Rock Fan Faint), C (Chain Reaction), R (Rodeos), B (Bannister), or N (None of these).

1. . . . if launching continued at the current rate.
2. . . . something inspired by the legend, not to make a documentary.
3. . . . she seemed destined for spinsterhood.
4. . . . a descriptive inventory of alpine fashions.
5. . . . her fiercely independent mind.
6. . . . all this fuss being created . . .
7. . . . obtained through 12 separate radiocarbon datings.
8. . . . forcibly trying to exhale . . .
9. . . . without the ranchers . . .
10. . . . remained alert, if distraught.
11. . . . its repercussions might not materialize for decades.

12. . . . was not announced until Wednesday so the site could be protected.
13. . . . modern agricultural methods bringing new affluence . . .
14. . . . barely engaged the attention of modern science . . .
15. . . . the reconstruction of his apparel . . .
16. . . . because of random collisions . . .
17. . . . intentional discarding . . .
18. . . . guilty of establishing barriers . . .
19. . . . no one believed it would really catch on . . .
20. . . . pay tribute to the anonymous person . . .

【パタン29】 ディスコースの境界検知

以下は9つの異なるレッスンから抜粋した文章ですが，文章と文章の切れ目が削除してあります。1つの文章と次の文章の境界を指摘しなさい。(それぞれの文章が始まる最初の3語を書くこと。)

Sometimes it's enough just to say thank-you in person. However, if someone has sent you a gift or done something especially nice, that's not enough. You need to send that person a written thank-you note. In the afternoon during the math class, I was trying to think that birthdays were not so important. Just then I heard a familiar sound coming from the hallway. A voice I knew was singing the birthday song. It was Mom! Subtitles, of course, have their limitations. The length of a subtitle depends on the size of the screen — in Japanese, that usually means about 10 characters per line. And each subtitle can only be two lines maximum. It can be less if there is a lot of action and fast cutting from scene to scene. Language both reflects and affects how people think. Take, for example, "A doctor should listen to his patients carefully." On the one hand, it tells us this person assumes that a doctor is a man's job. On the other hand, this kind of sentence may affect small children. They may begin to think, before they know, that a doctor should be a man. We humans take whatever we want from the world around us. We do what we want to the land, water, and air never thinking they can be damaged. We have made a serious mistake. The trouble is that acid, if it's strong enough, can damage the environment. Acid can kill fish or damage such plants as maple trees, tomatoes and pine trees that don't like acid soil. It can eat away at concrete and stone, destroying buildings, statues and monuments. Some of the packaging is important, but most of it is unnecessary and wasteful. Of the about 400 kilos of trash thrown away by every Japanese each year, packaging accounts for more than 20 % , or 80 kilos a year for every man, woman, and child. Very soon Lopez began to speak Japanese very well, and he made many new friends. He sometimes thought, "Japan is a safe place where I can make my dreams come true, and I have a good chances here." Most of you seem to think you should not use English until you can use it like Americans or the British do. It is just like not swimming at all until you become a perfect swimmer. That is a silly idea, isn't it? You can learn to swim only by swimming many times. You can learn to use English only by using it many times.

Planet Blue English Course I（旺文社）より（解答は章末）

この問題はどのような能力をtapするだろうか。要求される読みのレベルは深くない。1つの話題が続いているか，全く違う話題が始まったかの区別ができるだけの浅い意味処理で対応できる。よって熟達度が低い学習者でもある程度の結果が出せるはずである。

しかし，より早く処理するためにはもとの文章を熟知しておくことが有効なので，前もってこの形式での出題を予告しておけば，やはり何度も教科書本文に当たるというプラスの波及効果を生むであろう。

もし「これだけのタスクでこれほどのスペースを使うのはもったいない」と感じるのであれば，この境界検知作業に加えて，次のような誤部分検知作業を加えることもできる。

【パタン30】ディスコースの境界検知＋誤部分検知

以下は9つの異なるレッスンから抜粋した文章ですが，文章と文章の切れ目が削除してあります。また各文章には1個所ずつ，意味的におかしな部分があります。

(1) 1つの文章と次の文章の境界を指摘しなさい。(それぞれの文章が始まる最初の3語を書くこと。)

(2) 各文章のおかしな語を指摘し，意味が通るように訂正しなさい。

Sometimes it's enough just to say thank-you in person. However, if someone has sent you a gift or done something especially nice, that's enough. You need to send that person a written thank-you note. In the afternoon during the math class, I was trying to think that birthdays were not so important. Just then I heard a familiar sound coming from the hallway. A voice I didn't know was singing the birthday song. It was Mom! Subtitles, of course, have their limitations. The length of a subtitle depends on the size of the screen — in Japanese, that usually means about 10 characters per line. And each subtitle can only be two lines maximum. It can be more if there is a lot of action and fast cutting from scene to scene. Language both reflects and affects how people think. Take, for example, "A doctor should listen to his patients carefully." On the one hand, it tells us this person assumes that a doctor is a man's job. On the other hand, this kind of sentence may affect small children. They may begin to think, after they know, that a doctor should be a man. We humans take whatever we want from the world around us. We do what we want to the land, water, and air never thinking they can be restored. We have made a serious mistake. The trouble is that acid, if it's weak enough, can damage the environment. Acid can kill fish or damage such plants as maple trees, tomatoes and pine trees that don't like acid soil. It can eat away at concrete and stone, destroying buildings, statues and monuments. Some of the packaging is important, but most of it is necessary and wasteful. Of the about 400 kilos of trash thrown away by every Japanese each year, packaging accounts for more than 20 %, or 80 kilos a year for every man, woman, and child. Very soon Lopez began to speak Japanese very well, and he made many new friends. He sometimes thought, "Japan is a dangerous place where I can make my dreams come true, and I have a good chances here." Most of you seem to think you should not use English until you can use it like Americans or the British do. It is just like not swimming at all until you become a perfect swimmer. That is a silly idea, isn't it? You can learn to swim only by swimming many times. You can never learn to use English only by using it many times.

(解答は章末)

このような境界検知作業は実生活にはない，不自然な作業であろうか。ほとんどないことは間違いない。しかし，このような状況に筆者は実際に遭遇したのである。

ある時大学の授業で，各学生が選んだ新聞（あるいは雑誌）記事をデジタルデータとして提出させたことがあった。提出されたテキストデータを筆者が一括してウェブに上げ，それをもとにそれぞれの記事を contribute した学生がその内容についてプレゼンテーションをするためであった。そのファイルを整形している過程で，誤って置換機能ですべての段落記号を削除してしまったのだ。それまでは各記事の境目には改行コードが２つ（つまり空白行が１つ）挿入されていたのだが，それがなくなったせいで，すべての記事が長大な単一のパラグラフのごとき外観と化した。それをもとに戻す際に，今思えばundo機能を使えばよかったのだろうが，何を思ったか，記事の流れを目で追いながら，手作業で改行コードを入れなおしていった。その時ふと思ったのだ。「これはそのままテストになる」と。実際にその授業の定期テストでは，次のような問題が含まれることになった（これぞ怪我の功名であった）。

【パタン30】の実際の出題例（大学編）

Below are 11 passages taken from 11 different articles combined together by removing line breaks.
(1) Indicate where each passage begins by writing its first three words, and;
(2) summarize each in English very briefly.

On February 10, 1998, a 36-year-old white male with a ponytail and a reddish-blond beard was arrested for disorderly conduct at the Phoenix airport. After refusing to let airport security guards inspect his carry-on bag, the man had begun to curse at them, and was led away in handcuffs by police. South Korean warships sank one North Korean boat and badly damaged at least one other in an exchange of gunfire Tuesday. The 10-minute clash was a dangerous escalation of their high-seas confrontation over a rich crab fishing area in the Yellow Sea. In fact, anyone can do mifty things with mobile phones in Japan these days — which is, of course, the point of this endlessly repeated commercial for NTT Do Co Mo. In February the company, which is Japan's biggest mobile services provider, introduced i-mode, which offers 70 services including online banking and train and airline reservations. By last week 185,000 i-mode subscribers were enjoying modest slices of Internet access via their mobile phones — and perhaps looking forward to the large portions NTT Do Co Mo will serve up next March when it expects to be the first company in the world to offer its customers so-called third-generation wireless service. The new Star Wars "prequel" Episode I The Phantom Menace takes audiences on a journey to the beginnings of the Star Wars saga. The original Star Wars trilogy (Episodes IV, V, and VI) told the story of Luke Skywalker, a young farm boy who became a hero in the struggle to overthrow an evil empire and had to confront one of the Empire's staunchest henchmen, Darth Vader, who held the terrible secret of his father's fate. The new Star Wars trilogy goes back in time a full generation to tell the story of Anakin Skywalker, the innocent boy who will one day become the dreaded Darth Vader. Children won't sit still in class, they chatter among themselves, won't listen to the teacher — it seems the problem of "Gakkyu hokai" is going to get a lot worse before it gets better. This was one of the issues raised at the Japan Teachers Union annual national educational research conference this year, as teachers recounted their experiences of classroom collapse, demonstrating how widespread the problem has become. Workers spoke in hushed tones as the heady and sweet aroma of black yeast and Thai rice mash filled the room, and bystanders fidgeted in anticipation. The verdict came from one white-haired man, crouching in front of a gauge where drops of the distilled liquor were collecting. "A good aroma," declared Seiton Sakumoto, 89, chairman of Zuisen Distillery Co., nodding vigorously. "It's even better than I remember." It was an auspicious second beginning for prewar awamori, which disappeared from Okinawa when the black yeast used at the time was lost in the war. The war also claimed the life of Sakumoto's mother, Nae Kyan, who had cultivated the yeast. His dazzling passes and disciplined play attracted scouts across Europe, and the ace playmaker soon packed up his cleats for Perugia, a club in Italy's top-notch Serie A league. A few dozen jet-lagged Japanese journalists held their breath as ex-J.Leaguer Nakata took to the field in September, a cocky, laconic presence in a field of bigger men. Any worry for their countryman was quickly dispelled. With characteristic nonchalance, Nakata dribbled past Serie A veterans and drove in two goals against defending champs Juventus, immediately placing him among the league's top scorers. "It was an amazing moment to be Japanese," says Yosuke Kubota, a 24-year-old soccer groupie who joinde some 200 other flag-waving Japanese at the midfielder's European debut. "When Nakata plays, he has the hopes of everyone in Japan riding on his shoulders." "You need to increase your physical activity level, and you want to reduce your sedentary behavior, because the beneficial effect of exercise may be offset by your sedentary behavior if you spend too much time on the couch watching TV," said Dr. Frank B. Hu, a researcher at the Harvard School of Public Health. The study, presented Saturday at the American Diabetes Association meeting in San Diego, is the first to find that the risk rises directly with hours spent watching television, Hu said. Previous studies have found that the risk of obesity, which itself is a risk factor for diabetes, rises with more hours in front of the tube. This study finds the disease is more likely to develop in constant viewers even when obesity and other factors are taken into account. They take turns standing bolt-upright, often on a tree stump above the rest of the group, keeping a sharp eye out for predators. When the 'sentinel' on duty sees one coming, he or she gives a warning call to alert the others of the danger. It's much like the admirable behaviour among humans who engage in risky activities to protect their family, friends or their fellow 'man' or so many like to believe. A study of the meerkats' sentinel behaviour however suggests that they stand guard for much more selfish reasons to save their own behind. Manned space missions used to be the dream of mankind for years, but became reality with the blast-off by Y. Gagarin in 1961 and the first small steps on the moon by L. Armstrong on Apollo 11. Since then, human activity in space has increased steadily. More than 200 people have been to space, and the duration of stays in space has progressed from 2 hours to more than a year. Now we are entering a new era: the 21st century International Space Station (ISS). Those who have been to space so far are highly specialized, dedicated "astronauts," but in the 21st century, common citizens will be able to travel and sightsee or to live in space. The owner of Philadelphia-based Cyber Promotions Inc., which claims to be the first and largest bulk advertising e-mailer in the USA, Wallace sends out 1.8 million unsolicited e-mails everyday on behalf of his 7,000 clients ranging from Honda and Konica to mom-and-pop businesses who pay $50-$2, 500 for the service. About 80 % of the mail goes to customers of America Online, the USA's largest commercial online service, with more than 8 million members.

（解答は章末）

【パタン31】 文のパラフレーズの出自の同定（open-book）

次のア～ケは，教科書のレッスン本文のどこかのページの記述をパラフレーズしたものである。それぞれが，(1) どのレッスンの，(2) 何ページの記述に基づいているか，を答えなさい。

ア In your thank-you note, you should do three things.

イ When many Asians speak English, they do so very confidently though they do not sound like native speakers at all.
ウ The new student could not make friends with anyone.
エ Acid in water sometimes kills a whole generation of fish in a couple of days.
オ As the space where humans lived increased, that for other animals decreased.
カ One reason Japanese people prefer subtitled movies to dubbed ones is that almost everyone is literate.
キ Recycling is not always good for environment.
ク The boy went to the big city to take the test to join the famous team.
ケ When a man and a woman is doing the same job, there is no need to call them by different job names.

ア～ケは，先の「文の断片」と異なり，教科書本文のある文をパラフレーズしたものである。パラフレーズであるから，もはや機械的なスキャニングの手法では問題を解決できない。前提はopen-bookである。この形式も出題を予告しておき，何度も教科書を読み込ませておくのがよい。

この形式でもやはり，レッスン名を選び，その上でページ数を選ばせるようにしているのは，どのレッスンであるかすらもわからない生徒と，それはわかるがページまでは特定できない生徒，さらにページの特定までできる生徒の3段階を区別することによって，得点の信頼性を向上するためである。

このパラフレーズ形式をclosed-bookで行うならば，ページ数を答えさせるのは無理なので，レッスン名を選ばせるのがよいだろう。

最近，勤務校での定期試験に，教科書ではなく授業で発表させた新聞あるいは雑誌の記事をもとにして，記事番号とパラグラフ番号を答える形式の問題を出した。もちろんこれも予告し，記事持ち込み可にしておいて，事前にパラグラフごとにインデックスをつけたりして準備させることが主眼である。

6 まとめ

小テスト同様，定期テストも波及効果を第一に考えるべきである。１つの大問に設けるタスクの種類は１つかせいぜい２つにしてすっきりした形式にするのがよい。語群を設ける場合はアルファベット順に配列するのがよい。マッチングの場合は選択肢の数を空所より１つ増やすのがよい。これらのガイドラインに沿った問題形式を，中学と高校，そして大学レベルを併せて40近く紹介した。熟達度テストと違い，それまでの授業，教科書に基づいているという点をうまく使い，定期テストは定期テスト独自の問題形式を工夫すべきである。それが受験者である生徒・学生の能力伸長につながる。

●テストの解答

〈パタン４解答〉

compete → competitive/quietly → quiet/agression → aggressively/ordinarily → ordinary / society → social / criticism → criticize / behave → behavior

〈パタン８解答〉

of / are / if / that / out / kind

〈パタン13解答〉

little → a lot, many things / quiet → competitive, aggressive, rude / outside → inside / can't → can / so → because / worst → best

〈パタン14解答〉

competitively → competitive / aggressively → aggressive / wheel → the wheel / who inside → inside あるいは who are inside / social ordinary → ordinary social / gesture → gestures / really like → really be like

〈パタン15解答〉

see / drive / car / what / they / are / change / moment / drive / driving / separated / outside / why / never [not] / If / want / understand

〈パタン16解答例〉

1. How people drive a car will tell a lot about their characters. / When you see someone drive, you will learn a lot about him or her. / A person's character is reflected in the way he/she drives a car.
2. There are people who get very competitive when they drive. / Some people drive as if they are competing against other drivers. / Some drivers hate to fall behind other drivers.
3. When people are in a car, there is no one around them, so they forget about the social rules. / The car separates the driver from the outside world, so they do not pay attention to the rules of the society.
4. If you want to really understand your boyfriend/girlfriend, the best thing to do is to see what happens when he/she drives. / In order to find out what kind of person your future partner really is, you should go driving with him or her.

〈パタン17解答〉

1．ケ competitive　2．ク quiet　3．キ aggressive　4．カ wheel　5．オ ignore　6．エ ordinary　7．ウ shout　8．イ gestures　9．ア criticize

〈パタン19解答〉

1．relationship　2．acted　3．shortens　4．earnest
5．taking　6．distance　7．appearance　8．unmarried

〈パタン20解答〉

1．finds → will find　2．I and my friends → My friends and I　3．to there → there　4．a book → books　5．listening → listening to　6．My most hate sport → The sports [event] I hate most　7．is → makes me

〈パタン22解答〉

she always did → she had always done / slapped → had slapped

〈パタン23解答〉

(1) ア Hardly knowing what I was doing　イ it was a bug that had fallen down　ウ we had a lot of fuu out of　エ helping the farmers gather them　オ all I could do to keep up with　カ mind the other being there as long as
(2) エ　オ　ウ　イ　ア　カ

〈パタン24解答例〉

1．He learned science and engineering at university, so he didn't believe it at first. / His educational background was in science and engeneering, so his initial reaction was to doubt it.
2．If you start a severe fire, you can be imprisoned for life. / If you

cause a severe fire, you might have to be in prison as long as you live.

3. DDT was introduced, and that seemed to be the end of the mosquito that causes malaria. / After DDT began to be used, malaria-carrying mosquitoes seemed to be wiped out.
4. Much more diverse students are learning at American universities than at English ones, so naturally, not all of them are as knowledgeable or intelligent as their English counterparts.
5. The new nation was very weak since it did not own a sufficient military. Some people noticed this and they realized that they needed to create a better government for the United States to become a strong and rich nation.

〈パタン25解答〉

1. We have all despaired at our loss over the past week and only the strength of the message you gave us through your years of giving has afforded us the strength to move forward.
2. But your greatest gift was your intuition, and it was a gift you used wisely. This is what underpinned all your other wonderful attributes, and if we look to analyse what it was about you that had such a wide appeal, we find it in your instinctive feel for what was really important in all our lives.

〈パタン26解答〉

（並べ替え）

1. One who breaks an unjust law that conscience tells him is unjust, in order to arouse the conscience of the community over its injustice, and who willingly accepts the penalty of imprisonment is in reality expressing the highest respect for law.
2. It is my hope that as the Negro plunges deeper into the quest for

freedom and justice he will plunge even deeper into the philosophy of non-violence.

（意味説明）

1. If you break a bad law and go to prison, it means you have a respect for law.
2. We have to fight for freedom and justice in a non-violent way.

〈パタン28解答〉

1. BCG　2. GL　3. AC　4. EJ　5. CLA　6. CT

〈パタン29解答〉

(Sometimes it's); In the afternoon; Subtitles, of course; Language both reflects; We humans take; The trouble is; Some of the; Very soon Lopez; Most of you

〈パタン30解答〉

「意味的におかしな部分」の解答

that's enough → that's not enough / I didn't know → I knew / can be more → can be less / after they know → before they know / can be resored → can be damaged / weak enough → strong enough / is necessary → is unnecessary / a dangerous place → a safe place / can never learn → can learn

〈パタン30の実際の出題例（大学編）解答〉

（1.On Februay 10 ） 2.South Korean warships 3.In fact, anyone 4.The new Star 5.Children won't sit 6.Workers spoke in 7.His dazzling passes 8."You need to 9.They take turns 10. Manned space missions 11.The owner of Philadelphia-based

5 入学試験問題の作成

1 目的とプライオリティ

入学試験の目的は，言うまでもなく，当該の教育機関に入学するにふさわしい受験者を，それ以外の受験者から選別することである。その選抜の結果は小テストや学校内の定期テストとは比較にならないほど，時間的かつ金銭的に重大な影響をもたらす。まさに high-stakes test（影響の大きなテスト）である。

小テスト，定期テストとのもう１つの決定的な違いは，入試は「一発勝負」であり，結果は多くの場合不可逆的だ，という点である。小テストにしろ定期テストにしろ，同一のテスターが同一のテスティーを時間をおいて複数回テストするものである。また当該受験者の姿は日々の授業のなかで観察されており，テスト以外のさまざまなデータが集まっている。その意味で，これらのテストの場合は，１回のテストの得点信頼性はそれほど高くなくとも，繰り返しさまざまな局面で測定・観察することにおいて，ある程度の信頼性はほぼ自動的に保証される，と先に述べた。

また，１回ごとの結果が何らかの意味で不適切だったと後から判明したならば，必要であれば訂正するのは比較的容易なことである。定期テストを返却した後に採点ミスが発見されれば訂正すればよい。

しかし入学試験におけるテスターとテスティーの縁は一期一会である。いや，それどころか顔さえも会わさないので「一会」でさえない。二者を結ぶものは，たった１枚の答案用紙であり，その上に記録された応答が利用できるデータのすべてである。

このため入学試験では，可能な限り高い得点信頼性と，測定しようとする能力に関する高い妥当性が要求される。このことは十分に強調される必要がある。なぜならば，従来入学試験に関して話題にされてきたのは第１に「公平性」，そして次に個々の問題固有の「適切性」にほぼ限られているからだ。

一部の受験生だけが有利になったり不利になったりすることはあってはならないことで，公平性が保証されるのは当然のことである。しかし，それだけでは全く不十分である。全員に公平な悪問で，得点の信頼性が公平に低いのでは話にならない。（それにしても，「公平性」という用語が大学入試の文脈で使用されるとき，もっぱら後ろ向きの議論の中でだ，と感じるのは筆者だけだろうか。例えば，この原稿を書いている2001年末の時点で，遅まきながらついに実現しそうだと言われていた大学入試センター試験のリスニングテスト導入が，また延期（中止？）されるかもしれない，といううわさが聞こえてきている。放送設備と受験生の位置関係によって英文の音質に差が生じ，不公平につながるかも

入学試験のプライオリティ

信頼性	★★★
妥当性	★★★
波及効果	★★★
実用性	★★☆

しれない，と懸念されるから，という。このIT時代によくもそんなばからしい理由をあげて恥ずかしくないものだ。トップが保身のみを考えているうちに国が衰退しなければよいのだが。)

また適切性に関しては「難問奇問」という表現で取り上げられるが，これも「この表現はネイティブスピーカーは使わない」とか「これは語法ミスである」といったレベルの，その特定のテスト項目にのみ当てはまる問題がもっぱらで，より普遍性のある論議はほとんどなされていない。

これほどのhigh-stakes testであるのだから，テスター側は，可能な限りの時間とエネルギーを投入して信頼性と妥当性を確保する責務がある。そしてまた，プラスの波及効果を生み出す社会的責務をも負っていることを，今以上に認識すべきである。

EFLの環境にあるわが国では，学習者は基本的にテストのために勉強する。中学生は高校入試のために勉強する。中学教師は高校入試を気にして指導する。高校生は大学入試のために勉強し，高校教師は大学入試を気にして指導する。この意味で，日本の英語教育という湖においては，大学入試こそが，英語学習という名の食物連鎖の頂点に位置するプレデターなのである。大学入試作成に携わる者は，自らの大学にその年度入学させるに適切な受験生を確保できればよし，というだけにとどまらず，大学入試全体として，わが国の英語教育全体を左右するにとどまらず，事実上支配しているのだという認識をもたねばならない。

従来のわが国の英語教育の成果が不十分だったとするならば，それは大学入試の波及効果であった部分が最も大きい。逆に言えば，大学入試が変わればたちどころに日本の英語教育は変わる。それだけのことができるのだ。少なくとも潜在的には。

2　日本語応答をやめよ

第１章の提言は当然，（定期テストに関する提言５を除き）すべて入学試験にこそ当てはまる。以下にひとつひとつ再掲し，入学試験に特化したコメントを記す。

提言１　応答として受験者が日本語を生成することを求める問題はやめ，英語を生成することで反応する問題のみ，あるいはそれに加えて記号による応答を求める問題のみにせよ。

まず英文和訳は即刻全廃すべきである。そして英文和要約も，徐々に英文英要約か英文英説明に変えていくべきである。「日本語で書かせなければ受験者の本当の力はわからない」という迷信が根強いのだが，「日本語で書かせても本当の力がわからないことが多い」のは第２章で詳しく例証した通りである。

「日本語で書かせなくとも本当の力はわかる」の例証は本書では必ずしも十分行ってはいないが，実はそんなことは改めて例証するまでもなく，すでに明らかなのである。TOEFL，IELTS に代表される国際的標準テストには最初から受験者の母語による応答を求める項目などない。受験者の母語がさまざまなのだからそんな発想がもともとあるはずもないが。日本語応答の必要性を主張する人は，TOEFL と IELTS では本当の力は測定できないと主張していることになる。誤謬は明らかである。

2-1　「選択式は不正確」はナイーブな誤解

まず「選択式はまぐれ当たりがあるから正確な測定はできない」という考えが間違っている。わかりやすい例として，真

(True) か，偽 (False) かだけを応答するいわゆる真偽形式の項目をとってみる。全くにランダムに選んでも正解する確率が50％あるから，そのような項目の結果は信用できない，と考える人がいる。しかしそれは単一の項目の場合である。例えば４つ選択肢がある項目を100題応答してもらった場合の正答数と，２つしか選択肢がない項目を同じ受験者集団にやはり100題応答してもらった場合の正答数は，高い正の相関を示すだろう。そして項目数が多くなればなるほどその相関は高まるであろう。

つまり一問一問はランダムに選んで50％の正答確率があっても，２問とも完全なまぐれで正答する確率は25％であり，３問とも正答する確率は12.5％であり，100問とも完全にまぐれで正答する確率は0.5の100乗，すなわち事実上ゼロと考えて差し支えない。能力の高い受験者は，４肢選択に応答しても２肢選択に応答しても，能力の低い受験者よりも正答数が多くなる傾向は間違いなくあるのである。違いは，同じ程度の精度で測定するために必要な項目数だけだ。池田 (1992) によれば，２肢選択方式の100項目からなるテストは，およそ，４肢選択の50〜60項目，完成式（記述式）の30項目のテストと同程度の信頼性がある。

このことを議論する際，忘れてはならないのは，２肢選択は４肢選択より，そして４肢選択は完成式よりも（他の条件が同じなら）応答に要する時間が短いということである。単純に考えれば，２つの選択肢を読む時間は，４つの選択肢を読む２分の１で済む。すると，２肢選択方式の100項目を実施できる時間では，４肢選択方式は50項目しか実施できない。すると比較すべきは２肢選択の100項目の信頼性と，４肢選択の50項目の信頼性であり，先の池田のデータによれば，ほぼ互角である。

結局ポイントは，選択式であっても（そしてたとえそれが２肢選択であっても）項目数さえ確保すれば信頼性は確保される，ということである。「長時間考えてそのあげく，1つの答えしか出さないような課題を10題集めるよりは，択一式問題（例えば4肢選択）を60題集めるほうが，ずっと信頼性の高いテストを作る」（池田，1992，p.87）のである。そして，選択式は採点段階での信頼性は保証されているのに対し，完成式（記述式）は一般に，採点における信頼性の確保に労力が必要である。そして，こと英文和訳に関しては，いかに労力をつぎ込んでも，プロダクトとしての和文からもとの英文理解の程度を正確に知ることが至難の業であることは，第2章で詳しく論じた通りである。

2-2　あとは波及効果の問題

「しかし記述問題をなくしてしまうと，受験生のレベルが下がる」，「受験生がマルバツ問題だけしか準備してこなくなる」，「きちんと和訳をしなくなってしまう」という声が聞こえてきそうである。確かに言語学習において，記述，つまり自分の力で応答を作り出す作業（production）は欠かすことはできない。しかしそれは，その「応答」が意義あるものである場合に限る。そして，英語学習において「和文」は意義ある応答ではない。

入試から英文和訳をなくしたことによって，受験生が英文を日本語に直したものを逐一紙に書き付ける，という練習をしなくなったなら万万歳である。その「ブレーキ」から開放されて，英文の意味理解そのものを目標とし，あるときは日本語による説明を補助としながら，あるときは英語による言い替えによって理解を深めながら，英文を大量に読み，また読むようになれば，マクロとして受験生の英語力は必ず向上する。

求めるべき「意義ある」記述応答（production）は，和文ではなく英文である。英語の試験なのであるから応答としては英語のみを求める。考えてみれば当たり前すぎる話だ。

結論として入学試験では(1)採点が現実的に可能である範囲において，目標言語である英語を記述させる形式の記述問題を配し，(2)残りは選択式項目を，可能な限り数多く配することを提案する（可能な限り数多く配するためには，1つの応答に要する心的操作を可能な限り小さくする，すなわち「小刻みに」問うものにすることが必要である）。

3 取り組みやすい問題を

提言2　いわゆる総合問題はやめ，1つの英文素材に対して施す「変形」は多くとも1種類にせよ。

提言3　それに従うことが受験者にとって最も効率的で有利であるような指示にせよ。

筆者の手元には今，全国100を越す国公私立大学で実施された入学試験の現物があるが，ごく少数を除いてほとんどミニクイ。ミニクイということはすなわちやりにくい。やりにくいということはすなわち得点の信頼性がおそらく低い。得点の信頼性を高めるためには，具体的には次のガイドラインを守る必要がある。

(1) 英文素材には一切の「変形」をほどこさないのが基本である

例えば最近コンピュータ化されるまでのTOEFLのSection 3の後半（Reading Comprehension）の英文素材には一切の変形がなかった。まず200語程度の英文素材がそのまま提示され，その後に4肢選択の内容理解問題が3～4問程度続く，という形式を1セットとして，それが10数セット程度用意されていた。英文を読んでその内容が把握できるか，という単純明快なただ一点に絞った出題であって，形式としては非常にやりやすい。

⑵　「変形」をほどこす場合には１つの素材について１種類にすること

（　　）で空所を設けるなら（　　）だけ，［　　］で空所を設けるなら［　　］だけ，下線を引くなら下線だけ等。それぞれの変形個所に必要に応じて記号や番号を付す場合には，元の英文素材の外見にできる限り干渉しないよう，小さくすること。

⑶　指示は，文字通りそれに従うことが最も効率のよい解答行動につながるような文言にすること

１つの大問の内部については，例えばタスクをあらかじめ頭に入れておいて英文素材を見たほうが効率がよいならタスクを素材の前に出す等。大問の配列に関して言うなら，問題は易から難，もしくは取り組みやすいものから取り組みにくいものへと配列すること。現行の入試問題を見ていると，どうもメインとなる長文を最初に持ってくる傾向があるようだが，やめるべきである。ウェートトレーニングでも，準備運動をして軽い重量をこなした後に自己最高の重量によるトレーニングにうつるのが自然である。準備運動もせず，いきなり自己最高の負荷に挑戦するのでは，怪我につながりかねず，順序を踏めば成功したはずの重量も成功しなくなってしまう可能性が高い。これをテストに置き換えるなら，反応の揺れが大きくなり，得点信頼性が低くなりがちだ，ということである。

受験アドバイスとして，「いきなり1番から取り組まず，全体を見渡してやりやすいものから手をつけること」というものがある。そうでないと難しい問題でてこずってしまい，時間配分が狂い，

取り組めば正解できた問題もできなくなってしまうからだ。受験のコーチの側のアドバイスとしてみれば正しいのだが，テスターの側から見ると，そのようなアドバイスが有効であるならば，そのテスト自体に問題があると考えねばならない。「全体を見渡しても，結局1番が一番とりくみやすかった。1番の次に2番，その次に3番，とこなしてゆくのが最も効率的なストラテジーだった」と言ってもらえるようでなければならない。

「受験テクニック」によって得点が左右されるテストは信頼性の低いテストである。「テクニック」の入り込む余地のない，換言するならば，どの受験生にも100%の実力を発揮してもらえるような，やりやすい形式のテストを作ることが，すべての受験生の実力を可能な限り正確に推定できることにつながる。

(4) 何とかして一覧性を確保すること

今手元にある大学入試問題の現物はほとんどがB5サイズの冊子である。中を見てみると，メインとなるリーディング問題等では，1つの大問が設問も含めて見開きにおさまっているのは稀で，ほとんどが3ページを越え，時には8〜9ページにも渡って印刷されている。つまり物理的に，冊子のページを前や後ろに何度もめくりながら解答行動をせざるを得ない仕組みになっている。文字のサイズも行間も十分取っていて，その点では見やすいのだが，一覧性は極めて低い。

翻って，イギリスのUniversity of Cambridge Local Examinations Syndicate（UCLES）が作成実施している（第2言語としての）英語熟達度テストの1つであるFirst Certificate in English（FCE）の現物が手元にあるが，こちらは一覧性に極めて優れている（257頁参照）。冊子はA4で，大きな大問4つから構成されている。1つの英文素材は最も短いもので約450語，最も長いもので780語と，わが国の大学入試の平均的「長文」と同じ程度の長さであるが，すべて，それぞれが設問も含めて見開き２ページに収めてある。780語を１ページに収めているので，当然文字は小さいし行間も狭いが，素材自体が「雑誌記事」であり，そうしてみると決して「ミニクイ」感じはしない。

文字サイズと行間を大きくした結果，設問と合わせて７～８ページに印刷してあるよりも，文字と行間を小さくして設問と併せて見開き２ページに印刷してあるほうが，ずっと見やすいのである。なぜこんな分かりきったことを実行する大学が少ないのか理解に苦しむ。文字を「小さく」といっても，もちろん通常の新聞や雑誌記事よりも小さいわけではなく，同じかやや大きい程度である。普通の生活で新聞を読んでいる受験生ならば，そのような文字サイズにしたから見にくいと思うはずはない。一覧できないほうがよほど見にくい。

改善の具体的な方向としては，２つ考えられる。１つは，冊子サイズをやや大きくして，文字サイズと行間を現実世界に見られる程度に（つまり authentic になるよう）小さくし，１つの大問のすべてを見開き２ページに収める方向。もう１つは第２章で提案したように，英文素材を左ページに，その素材部分に対応する設問を右ページに来るように配置する方向である。対応する設問さえ見開きの中におさまっていれば，大問全体で４ページ，６ページとなってもそれほどやりにくくはない。

Part 2

You are going to read an extract from a newspaper article. For Questions **8-14**, choose the answer (**A**, **B**, **C** or **D**) which you think fits best according to the text.

Mark your answers **on the separate answer sheet.**

A lot of advice is available for college leavers heading for their first job. In this article we consider the move to a second job. We are not concerned with those looking for a second temporary position while hunting for a permanent job. Nor are we concerned with those leaving an unsatisfactory job within the first few weeks. Instead, we will be dealing with those of you taking a real step on the career ladder, choosing a job to fit in with your ambitions now that you have learnt your way around, acquired some skills and have some idea of where you want to go.

What sort of job should you look for? Much depends on your long-term aim. You need to ask yourself whether you want to specialise in a particular field, work your way up to higher levels of responsibility or out of your current employment into a broader field.

Whatever you decide, you should choose your second job very carefully. You should be aiming to stay in it for two to three years.

This job will be studied very carefully when you send your letter of application for your next job. It should show evidence of serious career planning. Most important, it (line 23) should extend you, develop you and give you increasing responsibility. Incidentally, if the travel bug is biting, now is the time to pack up and go. You can do temporary work for a while when you return, pick up where you left off and get the second job then. Future potential employers will be relieved to see that you have got it out of your system, and are (line 29) not likely to go off again.

Juliette Davidson spent her first year after leaving St. Aldate's College working for three solicitors. It was the perfect first job in that 'OK ... they were very supportive people. I was gently introduced to the work, learnt my way round an office and improved my word processing skills. However, there was no scope for advancement. One day I gave in my notice, bought an air ticket and travelled for a year.'

Juliette now works as a Personal Assistant to Brenda Cleverdon, the Chief Executive of Business in the Community. 'In two and a half years I have become more able and my job has really grown,' she says. 'Right from the beginning my boss was very keen to develop me. My job title is the same as it was when I started but the duties have changed. From mainly typing and telephone work, I have progressed to doing most of the correspondence and budgets. I also have to deal with a variety of queries, coming from chairmen of large companies to people wanting to know how to start their own business. Brenda involves me in all her work but also gives me specific projects to do and events to organise.'

6538　　0100/1 W96

8 Who is intended to benefit from the advice given in the article?

- **A** students who have just finished their studies
- **B** people who are unhappy with their current job
- **C** those who are interested in establishing a career
- **D** people who change jobs regularly

9 According to the writer, why is the choice of your second job important?

- **A** It will affect your future job prospects.
- **B** It will last longer than your first job.
- **C** It will be difficult to change if you don't like it.
- **D** It should give you the opportunity to study.

10 'it' in line 23 refers to your

- **A** first job.
- **B** second job.
- **C** application.
- **D** career.

11 If you have a desire to travel, when does the writer suggest that you do it?

- **A** straight after you have left college
- **B** when you are unable to find a permanent job
- **C** after you have done some temporary work
- **D** between the first and second job

12 What is meant by 'you have got it out of your system' in line 29?

- **A** You have planned your career sensibly.
- **B** You are an experienced traveller.
- **C** You have satisfied your wish to travel.
- **D** You have learned to look after yourself.

13 How did Juliette Davidson benefit from the experience of her first job?

- **A** It was a good introduction to working in an office.
- **B** She met a variety of interesting people.
- **C** It enabled her to earn enough money to travel.
- **D** She learnt how to use a word processor.

14 In what way is Juliette's current job better than her first job?

- **A** She has a more impressive job title.
- **B** She now knows how to start her own business.
- **C** She has been able to extend her skills.
- **D** She is more involved in the community.

6538　　0100/1 W96　　[Turn over

(First Certificate in English 1996.12.10実施分より，実際には1ページがA 4サイズ)

4 項目の数で考えよ

提言 4　「～点満点のテスト」を作成するという発想を捨て，「～項目からなるテスト」を作成する，という発想をせよ。

英語の入学試験問題が表面的に100点満点であろうが300点満点であろうが，そんなことは全くもってどうでもよいことである（他科目との集計の必要上，満点を一定の数字にする必要があるのであれば，事後に換算すれば済む）。それより重要なのは，そのテストが何項目から構成されているか，ということだ。表面的に，全問題の配点の合計が100点満点になるように，ということだけを意識して作られる入学試験は，数えてみると項目数が増えたり減ったりしていることがある。それは例えて言うならば毎年英語テストの満点が132点になったり94点になったりするのと同じくらい，いや，実はそれ以上に不恰好で不見識なことなのである。自分の作っているこのテストはいったい項目がいくつあるのか，ということは常に意識しなくてはならない。

では，いくつの項目があればよいのだろうか。テストの制限時間によって異なるのはいうまでもない。池田（1992）は，択一式の問題の場合，1問あたりの平均思考時間は1分，長くても2分以内に留める，という1つの指針を提案している。120分のテストであれば，できれば120項目，少なくとも60項目，ということである。ちなみにコンピュータ制御になる以前のTOEFLのSection 2（Structure & Written Expression）は，細切れ問題なのでかなり短く，25分で40問，1問あたり38秒弱，Section 3（Vocabulary & Reading Comprehension）は55分の制限時間で50項目であったので，1問あたり1分強，という計算である。

CambridgeのFCEのReading Comprehension Sectionは，先に紹介したように全体がパッセージベースだが，制限時間が１時間15分に対して35項目であり，１問あたり２分強，である。

これらの数字を参考にして，わが国の英語入試でのガイドラインを示してみよう。制限時間120分の試験がすべて択一式なら理想的には120項目，少なくとも60項目が必要である。一部記述式の項目で，センテンスレベルの英文を書かせるとすれば，その部分に10分間を確保したとして残り110分なので，理想的には110項目，少なくとも55項目，が目安になる。ディスコースレベルの英文を書かせるのであれば，その部分に30分を確保し，択一式の部分は理想的には90項目，最低限で45項目は必要である。

このような数字を提示すると，現状よりもかなり項目数が多いと感じるかもしれない。現在でも受験生は時間が足りないと思っているのに，これ以上増やすのは無謀だと感じるかもしれない。そう感じるならば，それは現状の入試問題の一問一問が難しすぎるか，解答行動として複雑すぎるものを求めている証拠である。

話を単純化するため，リスニング，スピーキング，ライティングを除外し，120分すべてがリーディング・テストであるとする。受験生に求めるリーディング・スピードを仮に100 wpmとする。１分間に100語読み，読んだ部分についての選択肢問題を解くのに１分かかるとする。英文素材の意味理解は最初の１分間で達成されるはずなので，後の１分間というのは，(典型的には４つの)選択肢を吟味し，１つを選ぶには十分な時間である。また１分間で応答できないような選択肢は，長すぎるか複雑すぎる，と考える。

こうすると120分あれば，60分を英文素材のリーディングに当てられるので100語×60＝6000語分の素材を読ませ，それについて60の応答を得ることができる。6000語と言ったが，もちろん１

つのピースではなく，600語程度の分野の異なる10のパッセージでも，300語程度の20のパッセージでも，200語程度の30のパッセージでも良い。

非現実的だと思うだろうか。もしそう思うなら，それはおそらく受験者レベルに比べて難しすぎる英文を課しているためである。

5 英文素材のレベルを適正に

筆者は高校・高専であわせて14年余りにわたり教鞭をとり，その中で大学受験指導も何度も経験した。教え子には予備校の模擬試験も受けさせたし，受験対策問題集で昼休みや放課後に補習も行った。その後大学に移り，現在は高校の検定教科書の編集に関わり，大学受験生用の「読解問題集」を作成し，また大学生用のテキストも編んでいる。これらの経験を通じて痛感する大きな理不尽の１つは，大学入試問題に使用される英文の方が，大学の英語授業で用いられる教科書の英文よりも概して難しいのではないかということだ。大学の入試が高校の文部科学省検定教科書の英文よりも難しいのはある意味で仕方ないにせよ，入試に合格した学生に対して実施する授業で用いる教材よりも難しいというのは一体全体どういうことか。

これはあくまで印象なので，筆者の誤解かもしれないし，もちろん例外もあるであろう。しかし例えば，大学の入試問題の英文を100，そして同じ大学の１年生の英語授業で用いられている教科書の英文を100，無作為に集めてFleschとかDale-Challとか何らかの公式でリーダビリティを比較してみれば，おそらく前者のほうが難しいという結果がでるのではなかろうか。毎年11月頃になると大学用新刊テキストの採用見本が大量に送られてくるが，それらを概観しても毎年このことを痛感する。

この印象が不幸にして当たっているとするならば，その原因は大学入試を作る側の，「あまり問題を易しくしてしまうと受験生の得点差がつかない」という思い込みと，「あまり問題を易しくしてしまうと世間体が悪い」という見栄である。

しかし英文を難解で抽象的なものにして，120分かけてやっと40問応答できるテストよりも，英文を平易で身近な内容を扱うものにして，同じ時間でも100問の応答を引き出すことのできるテストのほうが，よほど信頼性が高い。それは表面的にテストの平均点が高いとか低いとかよりも本質的にずっと大切なことである。また，受験生に与える波及効果がよい。たくさんの英文を，要点を把握しながら次々に読んでいくことが，最も効率的な受験準備になるとしたら素晴らしいことだ。

２つ目の見栄のほうは，「うちの大学だけ易しくしてしまったのでは，同レベルと目されている○○大学や××大学との関係上困る」というものだ。これは高校でも，地域のトップ校が採用している教科書を無理に採用する学校が多い，ということと本質的に同じ問題である。どちらにしても，迷惑するのは受験生であり，生徒である。何のための，誰のための入試なのか。入試に合格した集団にとって適切と判断される教材のレベル（大学1年の授業の教科書）が，その集団に入れるのが適当か否かを判定するための題材のレベル（入試の題材）よりも低いのはどう考えても理不尽であり，正されなければならない。

「要求レベルを下げれば，ただでさえ問題になっている学力低下にいっそう拍車がかかるのでは？」という反論が予想される。しかし問題はその「学力」の中身である。そのような反論をする人は，どちらかというと宣言的知識（declarative knowledge），つまり，分析的，個別的な知識の総量を「学力」として想定しているのではないだろうか。本書はこのような学力観には与しない。

英語力の本質は，そのような個別の知識をいかに統合的に運用できるかに関わる，いわゆる手続き的知識（procedural knowledge）にこそ求められるべきだと考えるからである。

受験生の能力差をうまく見分けるためには，いたずらに難解で抽象度の高い題材を選んで「隙を突く」ような問を設けるのではなく，高校生が入試という「非常時」においても relate しやすいような，身近で読みやすい題材を選び，内容的な要点に焦点を当てた設問を中心にし，項目数を現行よりも大幅に増やす，という方向がよい。そのほうが高校の英語教育に与える影響も健全で，かつ得点に信頼がおけるはずである。

6 貢献的技能を測るな

入学試験のような社会的影響の大きい熟達度テストで測定すべき英語力の側面は⑴英語から意味を取り出す能力，と⑵意味を英語として生成する能力，の2つのみであるべきだ（先に述べたように，食物連鎖の頂点にたつからには連鎖のすべてに関して責任があるのである）。

英語から意味を取り出す能力とは，他者が生成した英語を読んで，あるいは聞いてその意味を理解する能力であり，意味を英語として生成する能力とは，自らが心内に抱いた意味を，書くことで，あるいは話すことで生成する能力，である。

この2つの能力のみをできる限り直接測定しようと試みるべきであって，この2つの能力を下から支えていると考えられる**貢献的技能**（contributory skills）（語彙の発音の知識，文法の知識，語法の知識など）自体を測るべきではない。そのような個別知識に関わるような問題が多いから，受験生は個別知識には強いがそれらを実際に有機的に統合して機能させることが求められる，ディスコースからの意味の構築（まとまった文章を読んで意味を把握する，まとまった発話を聞いて意味を把握する）と，意味のディスコースとしての表出（自ら心内に抱いている意味をまとまった文章として書く，あるいは話す）が弱いのである。

そのような個別知識ではなく，実際にまとまったものを読んで理解できるか，まとまった文章を作れるかに関わる能力をtapしようとするべきである。本当に重要な個別知識であれば，まとまった意味のやり取りのなかでtapされるはずであるし，それでtapされないような個別知識はおそらく重要度が低いのである。

7 「選択肢のみ試行」をせよ

多肢選択形式項目の選択肢は，本文の内容が理解できているかどうかをtapするために作成される。本文の内容を理解できている場合には正解を選ぶことができ，理解できていない場合には（偶然以外の要素では）正解を選ぶことができない，のが理想である。

本文の内容が理解できていても正解が選べない原因は2通りある。第1には正解の選択肢が内容的に不適当なので正解として選べない場合である。いわゆる「正解がない」あるいは「正解が2つある」などの場合で，「出題ミス」として時折マスコミに取り上げられる種類の現象である。第2の原因は内容的に不適当ではないが，本文よりも選択肢の英語のレベルが高く，本文を理解しただけでは正解を選べる十分条件にならない場合である。

これはミスと分類されることはないが，望ましいことではない。問題項目というのはあくまで本文を主体に設計されるべきもので，繰り返すが，本文が理解できれば正解，理解できなければ不正解になることが目指されるべきものである。そうでないと項目特性の予測が難しく，結果的に不安定な振る舞いをする項目になる。よって，選択肢を作成するときは，本文の該当個所と同等か，それよりやさしめの英語になるように留意する必要がある。そのためのおそらく最も確実な方法は，日本人の出題委員が選択肢を書き，それをネイティブスピーカーの出題委員が（必要に応じて）微修正する，という方法である。ノンネイティブスピーカーが書くならば概して易しくなるはずで，それでちょうどよい。始めからネイティブスピーカーが選択肢を書くと，往々にして本文よりも難しくなる傾向が見られる。

逆に「本文を理解しなくとも正解が選べる」という場合がある。正解が完全に特定できないまでも，錯乱肢の中のいくつかが明らかに（あるいはかなりの確かさで）錯乱肢であることが判明してしまう場合もこれに含まれる。このケースも「出題ミス」として取り上げられることはないのだが，本質的には本文が理解できても正解がわからないのとパラレルであって，同等に望ましくない現象である。

特に(1)本文の内容がノンフィクションである場合，および(2)選択肢が日本語である場合，は注意が必要で，内容がノンフィクションでかつ選択肢が日本語である場合には細心の注意が必要である。(1)は，ノンフィクションであれば多かれ少なかれ受験者の背景知識が利用できるためであり，(2)は受験者が日本語のネイティブスピーカーだからである。実例を挙げる。次はある私立大学の入試に現れた選択肢である。

[英文を読まなくとも正解がわかる例]　その1

次の文章を読んで a)–m)から本文の内容と一致するものを3つ選びなさい。
(英文：省略)

a) The three main things you should do to stay healthy are to have a well-balanced diet, to exercise regularly, and to get enough sleep.

b) It is good for your body to exercise very hard all day without rest.

c) Marathon runners usually have big muscles because they run so much.

d) Sumo wrestlers are fat because they eat six times a day.

e) You should eat six times a day to make sure that your body has enough nutrition throughout the day.

f) The best way to lose excess fat is to eat much less and eat only two times a day.

g) Eating six times a day will make you fatter than eating two times a day if you eat the proper amount of food.

h) Scientists have shown that nobody needs eight hours of sleep a day.

i) Aerobics will increase the size of your muscles more than weight lifting will do.

j) Your muscles grow bigger during exercise.

k) While asleep after exercise, your muscles recover and actually grow bigger and stronger than they were before you last exercised.

l) You should exercise and eat while you sleep.

m) The best way to lose fat and keep a healthy body is to eat only apples.

（解答は章末）

健康のためには食事と運動と睡眠が必要という，ごくごく常識的な内容で，この選択肢だけで完全に正解が特定できる。“l)”などは噴飯ものである。どうやったら睡眠中に運動したり食事したりできるのか?!

出題者からの反論で唯一考えられるものは「それは分かってい

る。分かった上でやっているのだ。うちの大学を受ける受験生はこのくらい易しくするのがちょうど適正なレベルなのだ」というものだ。もしそのような「確信犯」であれば，それは大きな考え違いであることを指摘したい。難易度調整のためにそのような手法をとるのは間違っている。それならば本文などを掲げるのはまったく不要であって，上の選択肢のみを掲げ，「あなたの常識に照らし，次のなかから事実と思われるものを3つ選びなさい」としなければならない。もしそのような形式ならば（もしその内容が本当に全受験生の常識内だとするならば）適切な問題である。

この場合本文を掲げることは，実は「不要」であるにとどまらず，「有害」である。なぜならば，指示に従って時間をかけて本文を読む受験者と，選択肢の質を抜け目無く見抜いて本文を読まずに正解を選ぶ受験者がいることが考えられるからだ。どちらの受験者も正解を選ぶかもしれないが，本文を読むことで時間を浪費した受験者は，他の問題に費やせる時間が少なくなり，結果的に得点に影響を受ける。

このような**テスト慣れ**（test-wiseness）や**受験方略**（test-taking strategies）によって得点が大きく影響されると得点の信頼性が低くなることは，繰り返し指摘しているところである。ここでもう1度本書の提言3を思い返していただきたい。それに従うことが受験者にとって最も効率的で有利であるような指示にすべし。「本文を読んで答えなさい」という指示をするなら，その指示に従うのが最も効率よい受験方略でなければならない。もっと効率のよい方略があるのならば，そちらを正規の指示にすべきである。

次の例にいたっては，どんな言い訳もできない。筆者は選択肢だけで4つともぴたりと正解がわかった。読者も読み進む前に実際に選択肢をみれば，同じ体験をするはずである。

[英文を読まなくとも正解がわかる例]　その2

次の英文を読んで設問1～10に答えなさい。
(約300語の英文：省略)
(設問1～9：省略)
10．本文の内容と一致するものをア～コの中から4つ選びなさい。

ア　一般に，右脳は感情の認知に，左脳は顔の表情の認知に関与すると言われる。
イ　この実験では，楽しい内容と悲しい内容との2通りの文だけを用いる。
ウ　「彼女は賞をとった」という文は常に喜びの感情をよび起こすとは限らない。
エ　文の感情的な内容は，純粋に言語的に伝えられる内容と，声の調子の両方で判断される。
オ　この実験では，2つの文を最初は右耳に1回，次に左耳に1回聞かせる。
カ　左耳に入った情報の多くは右脳で処理される。
キ　左耳は純粋に言語的な情報を処理することに優れている。
ク　脳のどちら側を損傷するかで，障害のタイプが異なってくる。
ケ　脳に損傷を受けた患者は全て，自分から言葉を発することが困難である。
コ　脳に損傷を受けた患者は全て，相手の感情を推し量ることが困難である。

(解答は章末)

どうしてこうなってしまうのか，逐一選択肢を分析してみる。

ア：これはいまや一般常識の範囲である。また，内容的に知識がなくても「一般に」とか「と言われる」という，断定を弱める表現があるというだけで，正しいステートメントである可能性が高いと判断される。

イ：これは特定の実験に関することなので，一応判断は保留する。しかし「だけ」という限定を強める表現があるので，間違ったステートメントである可能性が高い，と思われる。

ウ：常識で考えて正しいと思われる。かつ，表現に注意してみても，「とは限らない」という断定を弱める表現があるので，正解であるという確信が強まる。

エ：常識で考えて正しいと確信できる。

オ：これは判断できない。

カ：これも今や常識の範囲であり，正解と確信できる。

キ：これも常識で間違いと分かる。また「耳」が「処理する」という表現自体もおかしい。どちらにしても処理するのは耳でなく脳である。

ク：これも常識で正しいと分かる。

ケ：「全て」があるので，間違いである可能性が高い。

コ：やはり「全て」があるので，間違いである可能性が高い。

以上，判断保留であったものが2つあったが，明らかに正解と思われるものが4つ見つかったので，自動的にその2つは除外され，結果として全く本文を読まずに正解になってしまった。

このような結果にならないためには以下の点に留意するべきである。

(1) 内容がかなりの程度受験者に知られている事実に関する文章を問題にする場合，内容真偽を多肢選択で出題するのを避け，別の形式（空所補充など）で出題する。特に日本語選択肢は避ける。

(2) 多肢選択で出題する場合は，一般的に内容の正誤を示唆することが知られている表現は極力避ける。例えば，正解の選択肢として，「おそらく」，「～の場合がある」，probably, canなどの表現や，誤りの選択肢として，「必ず」，「全て」，「いつも」，「あらゆる」，「だけ」，always, all, without fail, onlyなどの表現を使わない。

どうしてもこれらの表現を使わなければ100％正解，100％誤答にすることができないのであれば，(1)のアドバイスに従い，内容真偽にすること自体を放棄する。

(3) 選択肢自体の内容としては，すべて正しいものにする。つまり選択肢は一般常識に照らしてすべて正しいが，その中で本文中に述べられているもののみを選ぶ，という形式にする。

例えば，次の選択肢は，インターネットに関する文章に関して出題されたものであるが，本文を読まなければ正解はわからない。選択肢の内容自体は，ほぼすべて事実である(可能性がある)からである。

[英文を読まなければ正解がわからない例]

(約300語の文章：省略)

B．次のア～ナの中から，上の英文で述べられていることを7つ選び，その記号をマークしなさい。

ア　インターネットはいわゆる情報弱者を作りだしている

イ　インターネットの出現にともない，貧富の差が拡大する傾向にある

ウ　インターネットのおかげで普通の人でも情報を簡単に発信できるようになった

エ　インターネットの利用者数は，近い将来新聞の購読者数を上回ると言われている
オ　以前は大規模な情報発信を簡単に行うことができる主体は限られていた
カ　インターネットを使えば個人でも企業に対抗する力を持てる場合さえある
キ　現在，インターネットを利用できない人は非常に不利な状況にある
ク　機器と知識がある人なら誰でもインターネット上に情報を流せる
ケ　情報をうまく活用すれば時間と労力をかなり節約することができる
(以下省略)

このような選択肢のみで正解が特定できるかできないかをチェックする最も確実な方法は，実際に，第三者に選択肢だけを見て正解と思われるものを選んでもらうことである。筆者はこれを「**選択肢のみ試行**」と呼んでいる。入試出題では，第三者といってもその範囲はおのずと限られてくる。具体的には出題委員の中で，その問題を見たことがないメンバー等である。

とくに選択肢が日本語である場合には，正解の選択肢が選ばれる可能性は4肢選択ではおよそ25％でなければならない。英語力が一切関わらないからである。それが50％を越えるようであれば明らかに問題である。その場合には，何がヒントになっているのかを検討し，必要に応じて選択肢を修正し，できれば別のメンバーで再度「選択肢のみ試行」を行う，というサイクルを繰り返すのである。逆に，明らかに不正解だとわかる選択肢がないかもチェックしなければならない。どの試行者にも1度も選ばれない

選択肢があれば，その原因を分析し，より魅力的な文言に変える必要がある。英語選択肢の場合も，同様なプロセスを繰り返す。

このような試行を可能な限り行い，それに基づいて項目の修正を繰り返すことが，次の項で論ずる項目弁別力を高めることに結果的に通じる。

8 弁別力の低い項目は集計から除外せよ

8-1 弁別力とは

ここからは，試験実施後のデータ処理の話になる。**弁別力** (discrimination) とは，ひとつひとつの項目が，能力のある受験者と能力のない受験者をどのくらいうまく区別しているか，という概念である。

単純に表現するなら，能力の高い受験者は正解し，能力の低い受験者は正解できないのが理想的な項目である。そのような項目は受験者をうまく「弁別している」(discriminate) と表現する。しかし中には能力の高い受験者も低い受験者も同じように正解する項目もあれば，逆に能力に関わらず同じように間違ってしまう項目もある。このような項目は，その応答からは受験者の能力が不明なので，「弁別力がない」，と表現する。さらに下手をすると，能力の高い受験者は間違い，能力の低い受験者は正解する，といった項目もある。このような場合，その項目に正解するということは能力の低さの証明なので，「マイナスの弁別力がある」，と表現する。

しかし，そもそも能力がわからないからテストをしているのであって，「能力の高い受験者」や「能力の低い受験者」をどのように決めるのであろうか。それは，そのテストの総点が高い受験者を「能力の高い受験者」，総点が低い受験者を「能力の低い受験者」と見なすのである。それは，他のデータのない状況にあっては，受験者の能力の最も正確な（知り得る限りにおいて最も正確，という相対的な意味であり，絶対的な意味ではないことに注意）推定値は，そのテストの総点に他ならないからである。テストの全項目の総点は，前半だけの得点，後半だけの得点，最初から3分の1の得点，のどれよりも，より正確に受験者の能力を表していると考えられるからである。

8-2 弁別力の指数

そこで，ある項目に正答の場合を1，誤答の場合を0とした場合の数列と，全項目の総点の数列の間の相関係数を算出し，それを**項目弁別力指数**（item discrimination index）と呼ぶ。次の表1の架空データは，第2章の提言4の中で，正答数得点の利点を論じた際に掲げたのと同一のものである。

例えば，項目2の項目弁別力指数とは，「項目2」というタイトルのついた列の「1, 1, 1, 1, 1, 1, 1, 0, 1, 1, 1」という数列（左側の網掛け部分）と，正答数というタイトルのついた列の「5, 4, 3, 4, 4, 4, 5, 2, 4, 3, 4」という数列（右側の網掛け部分）の，相関係数である。実際に求めてみる（特別の統計ソフトでなくともMS-Excelのアドインなどが使える）と，0.69という数値が出てくる（なお，配点が統一されていないと，このような項目分析を簡単に行うことができない。これも配点を統一することの大きな利点なのである）。同じようにして，各項目の弁別力指数を求めたものが，表1の一番下の行に表示してある数値である。最も高い指数は項目1の0.74で，最も低い指数は項目7の−0.68である。

項目弁別力指数がどのような数値以上でなければならないかについては唯一絶対の基準はないが，最低限言えることは，マイナス数値は深刻な事態を暗示しているということである。相関がマイナスであるということは，その項目における得点が高ければ高いほど，総点は低く，項目得点が低いほど総点が高い，ということを示しているからだ。とくに−0.68などという数値は，正答が間違って入力されているとか，選択肢が極めて不適切だった等の事態でなければ現れない。池田（1992，p.114）は，この指数の解釈の１つの目安として次頁のような基準を示している。

表１　７つの項目に11人が応答した１/０データ

	項目１	項目２	項目３	項目４	項目５	項目６	項目７	正答数
受験者１	1	1	1	1	0	1	0	5
受験者２	1	1	1	0	0	1	0	4
受験者３	0	1	0	1	0	0	1	3
受験者４	1	1	1	1	0	0	0	4
受験者５	1	1	1	1	0	0	0	4
受験者６	1	1	0	1	0	0	1	4
受験者７	1	1	0	1	1	1	0	5
受験者８	0	0	0	1	0	0	1	2
受験者９	0	1	0	1	0	1	1	4
受験者10	0	1	0	1	0	0	1	3
受験者11	1	1	0	1	0	1	0	4
正答率	0.64	0.91	0.36	0.91	0.09	0.45	0.45	
弁別力指数	0.74	0.69	0.39	−0.07	0.45	0.64	−0.68	

0.4〜1.0	良好と思われる問題
0.3〜0.4	準良好問題
0.2〜0.3	要検討問題（工夫改良の余地あり）
〜0.2	不良問題（破棄するか全面的に検討の要あり）

この基準に従うならば，上の項目4と項目7は「**不良問題**」である。不良問題であるということはどういうことかといえば，その問題の得点も含めて総点を算出していることによって，総点が汚染され，結果的にテストの信頼性を下げているということである。その項目を除いて計算し直したほうが，テスト全体で測定しようとしている構成概念をより正確に反映した総点が得られる，という意味である。

8-3 「不良」項目の意味

ここで，第1章で触れた「一次元性」の概念を思い出していただきたい。一次元性とは，テストのすべての項目が単一の構成概念を測定していると見なせること，であった。ある項目の弁別力指数がゼロに近い，または負の数値であるということは，その項目がtapしている構成概念と，それ以外の項目がtapしている構成概念が異なること，言い換えれば，その項目のためにテスト得点の一次元性が失われている可能性を示唆しているのである。

誤解のないようにさらに補足すると，この文脈で言う「不良」問題とは，その項目自体として（in and of itself）絶対的に「不良」であるという意味ではない。その「不良」項目と同じ構成概念をtapする項目ばかりを集めて別のテストを作れば，「良好」問題になるかもしれない。ただし，今のテストの中にそのまま放置され，他項目と同じように扱われて総点を算出すると，その項目のみが別の特性を反映しているので，テスト得点全体の「和を乱している」，すなわち内的一貫性を損ねていることになるのである。つまり不良問題とは異分子なのだ。異分子は除去されねばならない。

先の池田の基準に照らして「不良問題」である項目4と項目7を除外して，もう一度正答率と項目弁別力を計算し直すと，表2のようになる（不良問題を除くことは，他の項目の弁別力指数にも影響を及ぼすので，計算しなおさなくてはならないことに注意)。すべてが「良好」問題になっていることがわかる。そして

表2　2つの「不良項目」への応答を除いた1/0データ

	項目1	項目2	項目3	項目5	項目6	正答数
受験者1	1	1	1	0	1	4
受験者2	1	1	1	0	1	4
受験者3	0	1	0	0	0	1
受験者4	1	1	1	0	0	3
受験者5	1	1	1	0	0	3
受験者6	1	1	0	0	0	2
受験者7	1	1	0	1	1	4
受験者8	0	0	0	0	0	0
受験者9	0	1	0	0	1	2
受験者10	0	1	0	0	0	1
受験者11	1	1	0	0	1	3
正答率	0.64	0.91	0.36	0.09	0.45	
弁別力指数	0.84	0.59	0.61	0.37	0.66	

テスト全体としての信頼性も向上している。

8-4　不良項目除去の効果

このように弁別力の低い「不良」項目を集計から除くことは現実的にどのような結果をもたらすだろうか。不良項目除去前，つまり実施した7項目すべてを使って集計した順位と，2つの不良項目を除いて集計した順位を示したのが次の表3である。項目数が異なるので比較し易いように，総点を得点率で示している。

まず気づくことは，除去前は同点者が多く，得点率としては，4つのグループ（0.29，0.43，0.57，0.71）しかなかったのが，除去後は同点者が減り，得点率グループの数も1つ増えて5つ（0.00，0.20，0.40，0.60，0.80）になっているということである。それに伴い，最低点と最高点の差（range）も0.42（=0.71−0.29）から0.80（=0.80−0.00）へとほぼ2倍近くに広がった。

表3　不良項目除去による受験者順位の変化

不良項目除去前		不良項目除去後	
順位	得点率	順位	得点率
受験者01	0.71	受験者01	0.80
受験者07	0.71	受験者02	0.80
受験者02	0.57	受験者07	0.80
受験者04	0.57	受験者04	0.60
受験者05	0.57	受験者05	0.60
受験者06	0.57	受験者11	0.60
受験者09	0.57	受験者06	0.40
受験者11	0.57	受験者09	0.40
受験者03	0.43	受験者03	0.20
受験者10	0.43	受験者10	0.20
受験者08	0.29	受験者08	0.00

俗に言う，よりうまく「ばらけた」状態になった。どこかで合格と不合格の境界線を引くためには，明らかにより望ましい状態である。それぞれの受験者に注目してみると，不良項目があったために隠れていた受験者02，04，05，06，09，11の6人の間の能力差が，不良項目を除去することによって3レベルに分かれることが明らかにされたのである。受験者02は，除去後は，最高の得点帯にいる受験者01，07と同等の力があることが明らかなになった。

このように，不良項目の除去は受験者の順位や分布にかなり実質的な影響を与える。ここにあげたのはたった7つの項目を11人の受験者が応答した架空のデータにすぎないが，それでもこれだけの明らかな効果があった。受験者数が数千人であればその順位の変動もより大規模である。そして，この変動は，測定精度が向上したための変動である。

このような弁別力に基づく不良項目の除去を，入学試験実施後，最終集計の前に行うことを本書は提案する。基準以下であれば除去するべき弁別力の最低ラインを，試験実施前にあらかじめ決めておくならば，これは決して恣意的な操作ではない。また，結果集計プログラムにあらかじめ組み込んでおくならば，十分実用化可能である。

8-5　素点信仰は有害

このように何らかの手段で素点に「手を加える」ことに対して心理的に抵抗を感じる人々が多いのは承知しているが，その抵抗感は当を得ていない。どのようなテストであれ，その素点は必ず測定誤差を含んでいる。それを知らず，あるいは無視しておいて，現に得られた（言い換えれば，その時たまたま得られた）得点（テスト理論用語では「**観測得点**」(observed score）というが）

を唯一無二のものとして絶対視するのはむしろ有害である。テスト理論の初歩の初歩だが，同じテストを同じ受験者グループにもう１度実施した場合，異なる得点結果が得られるだろう。そのように，理論的には得られるであろう無数の異なる観測得点のうちのたった１つ（one of the possible observed scores）であるにすぎない，今回現に得られた得点を，まるで絶対不可侵のデータであるかのように扱うほうがおかしい。入試のように社会的に重要なテストであればあるほど，その結果が適正な解釈につながるよう，最大限の努力を払わねばならないと筆者は思うのだが。

先に項目得点と総点の相関係数に基づいて「不良項目」を見つける方法を紹介したが，実はこれは**古典的テスト理論**といわれる理論の枠組みの中での話である。本書の範囲を越えるが，**項目応答理論**といわれる手法によって分析すれば，より精密な方法で，異分子（項目応答理論では，「**不適合**」（misfit）と呼ばれる）を見つけることができる。先程紹介した手法では，例えば項目４が「不良項目」と認定されたら，受験者全員のデータから項目４に対する応答を削除した。しかし，実は「不良」なのは項目ではなく，ある特定の受験者のその項目に対する応答かもしれない。それなのにその項目に対する全受験者の応答を削除してしまうのは，せっかくの有用な情報を削除してしまうことにもなりかねない。つまり，除かれるべきは，例えば「受験者２の項目４に対する応答」と「受験者８の項目４に対する応答」のみかもしれない。そのような除き方をすると，古典的理論の枠組みでは，受験者ごとにテスト項目数，すなわち総点が異なってしまうので比較ができなくなってしまうが，項目応答理論なら，素点を何段階かの手続きによって変換した**ロジット**（logit）という単位で能力を表現するので，比較も可能になる。

項目応答理論でいう「不適合」とは，内的一貫性を乱している状態，あるいは一次元性を損なっている状態，と本質的には同義である。項目応答理論による手法であれば，まず全項目を対象に分析を行い，その結果同定された不適合応答を除いて分析を行い，その結果がまた不満足であればさらに不適合応答を除き，という具合に満足のいく結果が出るまで再計算を繰り返すこともたやすい。

8-6　明らかなミス，明らかでないミス

このような弁別力に基づく項目削除は，時折マスコミを騒がす入試がらみのミス（「出題ミス」，「採点ミス」，「集計ミス」等）による影響を最小限に防ぐ効果もあるのである。例えば，ある4肢選択の項目について，出題者が意図した正解はBであったのに，何らかの人的ミスで採点プログラムにはCと入力されていたとする。当然，能力の高い受験生の多くはBを選び，能力の低い受験生はB以外のA，C，Dを選ぶ傾向が見られるはずである。この項目の弁別力を算出すればマイナスの数値になることが予想される。なぜならば，この項目で間違う受験生が，総点は高いという傾向が見られるからである。どこかの段階でこのミスに気づき，正解を入力し直すことができればよいが，不幸にしてそれに気づかなかったとしても，最初から弁別力の低い（例えば0.2未満）項目は自動的に集計から除外されるようなプログラムを組んでおけば，この項目は除外され，結果に影響を及ぼさない。つまり弁別力による項目削除システムは，fail-safe 装置としての機能をも果たすのである。

しかし，失敗は，このような誰が見ても明らかなミスの形をとるとは限らない。通常「ミス」とは呼ばれないが，能力の高い者ほど誤答を選んでしまう項目とか，能力があろうがなかろうが得

点パタンが同じである項目等，弁別力が低い項目は，能力の高い者を選び出すのに失敗しているという意味では，間違いなく出題のミスなのである。つまり，明らかな出題ミスと，明らかな良問の間には，真っ黒から真っ白に至るまで無段階に色調が変化するグレーゾーンが存在すると考えたほうがよい。その存在を認識し，グレーの色調が一定以上を越えている項目は，集計から削除する，というのが不良項目除去の考え方である。

理想的には，そのような不良項目がテストに含まれていないのが望ましいのはもちろんである。しかし，実際に受験者に提示したときに項目がどのような振る舞いをするかを完全に予測することは，どのような専門家にも不可能なことである。別の集団に何度か試行した上で改良を繰り返し，最終的に不良項目がなくなった状態を「本番」で使用する，ということが許されないわが国の試験風土では，大学入試ほどの重要なテストであっても初めての試行がすなわち本番という状態である。これは１度もテスト走行をしたことのない車を製品として売り出すことに等しいとよく喩えられる。本番がテスト運転なのであるから，運転後に不都合に気づいたら，せめてアフターサービスとして整備する責任があると思う。

9　本質を見るカルチャーを

入学試験の作成，実施，処理に携わるのはストレスのたまる作業である。それはあらゆる意味において「間違いがあってはならない」というプレッシャーがあるからであろう。英文の文法ミスがあってはならない，選択肢に内容的ミスがあってはならない，誤植があってはならない，レイアウトミスがあってはならない，採点ミスがあってはならない，集計ミスがあってはならない，転記ミスがあってはならない，など，「あってはならない」づくしである。担当者は，そのような「あってはならない」ことがあることのないように神経を尖らせ，そしてすり減らす。すべてが終わり，ミスがなければ，責任者はほっと安堵する。しかし，「大過なく」終わること，ミスがないことがそれほどめでたいことなのだろうか。

いま列挙したような「あってはならない」ミスは，もちろんないほうがよい。しかし，これらはどちらかといえばかなり表面的な事柄に属するといえないだろうか。ここで表面的という語は，２つの意味で用いている。１つは誰にでもわかりやすい，という意味であり，もう１つは，重大性において比較的軽い（何と比較してか，は以下で論ずる），という意味である。

誰にでもわかりやすいとは，つまりこういうことである。英文に必要なbe動詞が抜けていたとすれば，それは気づきさえすれば誰にでもわかりやすい「ミス」である。わかってしまえばミスでないとはいえない。しかし，例えば先に論じた，本文を読まなくとも日本語の選択肢を読むだけで正解がわかってしまう項目は，本文の理解度を測定する項目としてはあきらかに「ミス」である。しかしそれが「ミス」の名で呼ばれることは稀である。指摘された場合もミスなどではないと抗弁することも可能であろう。

重大性において軽いとはこういうことである。今のbe動詞の例でいうならば，大学入試のレベルにおいてbe動詞の欠落が読み手の理解の深刻な障害になることは考えにくい。つまり，be動詞のあるなしが，受験者の能力を得点に反映する上において深刻な影響を与えることはなさそうだ。これに対して，日本語選択肢を読めば正解がわかってしまう項目は，受験者の英語能力を得点に反映する上で大きな影響を与える。

選択肢にミスはもちろんないに越したことはない。そのようなことがあれば，能力がなくとも正解し，能力があっても誤答したことになってしまう。しかし，能力と応答が必ずしも対応しない例は，選択肢に明らかなミスがない場合でも，ある一定の確率で起こるのである。択一式であるから偶然正答することもある。正解をマークしたつもりでマークミスをすることだってある。つまり，どんな項目であっても，単独ではかなり不正確な結果しか出さないのである。

だからこそ，項目数を増やす必要があるのだ。項目数を増やしさえすれば，ひとつひとつはかなり測定誤差のある応答であっても，合計したときに個々の項目とは比べ物にならない精度を持つことができる。つまり，１題の出題ミスを含んだ50項目のテストのほうが，出題ミスの全くない40項目のテストよりもおそらく信用がおける結果を出すのである。

筆者の主張のポイントは，周囲の関心がこのような「表面的ミス」の有無にのみ集中し，その結果出題者側の神経も「表面的ミス」をなくすことだけにすり減らされる状況が，入学試験問題のより本質的な改善を阻んでいる面がある，ということだ。「ミス」がなければ成功だった，というメンタリティも，「ミス」があれば失敗だった，というメンタリティも唾棄すべきである。

もっと本質を見ようではないか。批判するならたった１つの選択肢，いわんやスペリングミス等の枝葉末節を取り上げるのではなく，テスト全体で問われている能力の妥当性を議論しようではないか。問われている技能のバランスを検討しようではないか。多くの大学がいまだに英文和訳を課していることを問題にしようではないか。英文和訳の採点基準の公開を求めようではないか。英文素材の適切性を検討しようではないか。文法的用法の異同を問うような項目の存在が，宣言的知識の偏重を生んでいると批判しようではないか。発音問題の枝葉末節さを嘲笑しようではないか。和文英訳の和文の内容が，日本人の高校生に書かせるには全く不適切であることを指摘しようではないか。逆に適切な自己表現を求める問題があれば賞賛しようではないか。リスニングテストがいまだにない現状の，日本の中学・高校英語教育に与えている決定的マイナスの波及効果を断罪しようではないか。

1つや2つ表面的ミスがあろうが，全体として測定すべき能力をきちんと測定でき，よい波及効果が期待できるテストは成功したテストである。逆に，そうでないテストは，いかにミスがなくとも明らかに大失敗したテストである。

もちろん表面的ミスも全力を尽くしてなくす努力はしなければならない。しかし，出題者の関心の第一がそこに向けられなくとも済むように，周囲はより本質に目を向けてもらいたいと切に願う。本質的によいテストを求めて試行錯誤する過程での細かなミスは温かく見守るべきと思う。そうでないと，物事がマクロなレベルで良い方向に動いていかない。

例えば，2001年末現在，また導入が見送られそうになっているといううわさの大学入試センター試験のリスニングである。責任者が二の足を踏んでいるのは，例によって「機器のトラブルがあったら誰がどう責任をとるのか」ということらしい。技術的トラブルが発生した場合の2重，3重の対策を立てておけば済むことである。それでもトラブルが解決しなかったら，データ処理段階での調整を考えればよい。それでもダメだったら，「ゴメンナサイ」と言って，残念ながらその年のリスニングテストはなかったことにして，それ以外の部分で英語の点数を出せばよいのである。どうなったにしても世界が終焉するわけではない（It's not the end of the world.）。

そうなったときに，「懸案だったセンター試験リスニングテストの導入に初めて踏み切った人物」として，皆でその責任者の勇気と英断を称え，拍手を贈ろうではないか。何事にも初めてはつきものである。最初から万事うまくいくことなどめずらしい。最初はトラブルに見舞われたとしても，とにもかくにも全国レベルの試験で初めてリスニングが導入されたということが，わが国の今後10年，20年，30年の英語教育に与える影響が大切なのである。

本質的に良い方向での変化を求めて新しいことにチャレンジする精神を，温かくバックアップするカルチャーが，そろそろわが国にも必要である。

10 行政への提言

本章では今後の大学入試問題のありかたについて，さまざまな提案を行ってきた。しかし残念ながら，少子化が進み大学の経営が圧迫され，受験生確保競争が激化する現代においては，少しでも受験者数が減る可能性があるような入試改革は，各個別大学（特に私立）では，事実上不可能に近い。個々の入試出題委員は例えばリスニング問題を入れたいと思っていても，受験生から敬遠されるのはほぼ間違いないので，それが実行に移されることはまず考えられない。自分の生活基盤を脅かすような改革は常人にはできない。

その結果，旧態依然とした入試問題が出題され，その問題に照準に定めた試験準備学習を受験生は行い，そのような学習をしている受験生から敬遠されないよう，大学はまた旧態依然とした出題をする，という悪循環が永遠に繰り返されるのだ。かくして日本人の英語力は国際水準からますます落ちこぼれてしまう。

仮に日本中のすべての大学が申し合わせて一斉にリスニングを導入するようなことが可能なら，どの大学も受験生から等しく敬遠されるので，結果的に受験者数地図には変化は起こらないはずなのだが，これは余りにも非現実的であろう。結論として，この悪循環を断つ力は個別大学にはないと断ぜざるを得まい。国家レベルのトップダウン改革しか道はないであろう。国公立大学の再編が進むようだが，この際いっそのこと私立も含めて文部科学省主導で抜本的な英語の大学入試改革をしてはどうなのか。

周知のように中学・高校の英語教育に関しては文部科学省初等中等教育局が，学習指導要領および教科書検定制度その他を活用して強力な指導を行う権限をもち，現に力を尽くして英語教育の改善に当たっている。「実践的コミュニケーション能力」を鍵概念とする新学習指導要領の理念には，（語彙数制限などのいくつかの細目を除いては）大筋として筆者は賛同するものである。しかし，中学・高校の英語教育を本気で改革する気があるならば，中等教育の教科書や授業内容を云々するよりも，大学入試を改革するほうがよほど効果的で直接的なのは火を見るよりも明らかである。

大学を所管する文部科学省高等教育局はそのあたりをどう考えているのか。初等中等局と連携して日本の英語教育を改革する気にはならないのであろうか。俗に縦割り行政というが，これはいわば「横割り行政」の弊害なのであろうか。

現在は入試の細部までは高等局は立ち入れないことになっていると聞くが，関係法令の多少の手直しや運用でどうとでもなるのではないか。ならないのなら新法を作ればよいだけのこと。

例えばとりあえず大きく次の2つのルールを定める。

(1) 大学入試では音声による刺激に基づく項目を全体の50%以上とする。（注：聴覚に関してハンディのある受験者については別途考えるものとする。）

(2) 記述形式の問題においては，英語のみを書かせることとする。

このルールに強制力を持たせるために，違反した場合は補助金をカットする，などの罰則規定を設ければ，すべての大学の入試が直ちに改善されるであろう。この2つだけでも実現すれば，10年以内に日本人の平均 TOEFL スコアは目に見えて向上することは間違いない。大学の英語授業も今のままの姿ではいられないことは言うまでもないであろう。

〈英文を読まなくとも正解がわかる例　その1　解答〉

a，e，k

〈英文を読まなくとも正解がわかる例　その2　解答〉

ウ，エ，カ，ク

引用文献

Andrich, D. (1999) *Advanced Social and Educational Measurement: Unit Materials Semester 2*. Perth, Western Australia: Murdoch University.

Hughes, A. (1989) *Testing for Language Teachers*. Cambridge: Cambridge University Press.

池田　央(1992)『テストの科学』東京：日本文化科学社.

根岸雅史(1993)『テストの作り方』東京：研究社.

Oller, J. W., Jr. (1979) *Language Tests at School*. London: Longman.

Oller, J. W., Jr. (1980) Language testing research. In *Annual Review of Applied Linguistics*, ed. R. Kaplan, Rowley, MA: Newbury House.

Oller, J. W., Jr. (1983) Response to Vollmer: 'g', what is it? In *Current Developments in Language Testing*. ed. A. Hughes & D. Porter, London: Academic Press.

靜　哲人(2000)「EIYOW Practiceのすすめ」『Argument』8, 14-17. 旺文社, 東京.

靜　哲人(2002)「リーディング授業において目標言語によるコミュニケーションを行う理念とその方法論」宇佐見太市他(編)『外国語研究―言語・文化・教育の諸相』大阪：ユニウス.

靜　哲人, 竹内　理, 吉澤清美(2002)『外国語教育リサーチとテスティングの基礎概念』大阪：関西大学出版部.

若林俊輔, 根岸雅史(1993)『無責任なテストが落ちこぼれを作る』東京：大修館書店.

あとがき

本書の執筆の過程で私は，いつかプロセス・ライティングの教科書のどこかで読んだ命題の正しさをあらためて確認することになった。それは，「書く」という行為は単にあらかじめ頭にある意味を言語化して書きつけるだけのものではなく，それを通じて意味が形作られてゆく行為だ，というものである。

第２章の５つの提言は，執筆開始の時点から明確な形でまとまっていたわけではない。さまざまなテスト問題を見て自分の中に沸き起こる感情の正体は何なのだろう，どのようにまとめることができるだろう，この気持ちをどうすれば読者にできるだけ正確に伝えることができるだろう，ともがいているうちに，あのような５つに結晶化したものである。本書の執筆によって自分の頭の中が整理されたという面がある。

本書は多くの人々の直接，間接の支えによって形になった。まず，約20年前に私が英語テストをメタ的に考えるきっかけを初めて与えてくださった，学部時代の恩師である若林俊輔先生に感謝しなければならない。私のテスト哲学の根幹は先生の薫陶によって徐々に形作られたものである。本書は若林俊輔先生と根岸雅史氏の共著『無責任なテストが落ちこぼれを作る』（大修館書店）の内容を受け継ぎ，その理念をさらに自分なりに深化・発展させるつもりで書いた。その目標が達成されたかどうかは読者の判断を仰ぎたい。

次にイギリス留学時に指導教官として多くの示唆をくださった

Arthur Hughes 先生と Don Porter 先生に謝意を表したい。両先生との議論を通じて私は言語テスターとしての誇りを得ることができた。In my career as an independent language tester, I will cherish my privilege of having been able to work with two leading figures in the field, who co-founded and co-edited *Language Testing*.

また勤務先である関西大学外国語教育研究機構の同僚との議論の中から多くのインスピレーションが生まれた。ひとりひとりの名前を記すことはできないが，刺激的な職場環境に感謝したい。

そして，現在までの18年間，筆者の作り出す小テスト，定期テストに悩みながら常に全力で取り組んでくれた延べ数千人の中学生，高校生，高専生，大学生の諸君に感謝しなければならない。彼（女）らがテスト準備に取り組む態度，実際にテスト問題を解く際の行動，そして答案の中身から，数え切れないほどのことを考えさせられた。

大修館書店の金子貴氏には企画から刊行まで大変お世話になった。2000年6月に鳴門教育大学で行われた四国英語教育学会年次大会で，私が「大学英語入試問題改善のためのいくつかの提言」と題する発表をした際，氏に声をかけていただいたのが本書の企画の始まりである。ここに記して謝意を表したい。

最後に，人生のパートナーである寿美子がまた最も有能なモニターでもあることに，いつもながら敬服と心からの感謝を捧げる。

2002年2月吉日

茨木市上泉より北摂の山々を望みながら

靜　哲人

■索引

た

な

は

ま

や

ら

わ

[著者略歴]
静　哲人（しずか　てつひと）
1960年，群馬県前橋市に生まれる。1984年，東京外国語大学研究生（英語教育学）修了。1993年，コロンビア大学ティーチャーズカレッジ英語教授法修士課程修了（MA in TESOL）。2000年，英国・レディング大学大学院博士課程言語学研究科応用言語学専攻修了（PhD）。現在，大東文化大学外国語学部教授。専門は言語テスト論。主な著書に，『カタカナでやさしくできるリスニング』（研究社），『英語授業の大技・小技』（研究社），『外国語教育リサーチとテスティングの基礎概念』（共編著，関西大学出版），『基礎から深く理解するラッシュモデリング』（関西大学出版），『英語授業の心・技・体』（研究社）などがある。
shizuka320@gmail.com
http://sites.google.com/site/zukeshomepage/

英語教育21世紀叢書
英語テスト作成の達人マニュアル

NDC375／ix，293p／19cm

初版第1刷――2002年4月1日
第11刷――2019年9月1日

著者――――静　哲人
発行者――――鈴木一行
発行所――――株式会社大修館書店
〒113-8541　東京都文京区湯島2-1-1
電話03-3868-2651（販売部）　03-3868-2293（編集部）
振替00190-7-40504
[出版情報] https://www.taishukan.co.jp

装丁者――――中村愼太郎
印刷所――――文唱堂印刷
製本所――――難波製本

ISBN978-4-469-24471-7　Printed in Japan